Praxisleitfaden

EU-Entwaldungsverordnung (EU) 2023/1115

Neue Herausforderungen in der Lieferketten-Compliance

von

Patrick Orth, LL.M., MBA

Fachmedien Recht und Wirtschaft | dfv Mediengruppe | Frankfurt am Main

Gender-Hinweis

Zur besseren Lesbarkeit wird in diesem Werk überwiegend das generische Maskulinum verwendet. Die verwendeten Personenbezeichnungen beziehen sich – sofern nicht anders kenntlich gemacht – auf alle Geschlechter.

Bibliografische Information Der Deutschen Nationalbibliothek

Die Deutsche Nationalbibliothek verzeichnet diese Publikation in der Deutschen Nationalbibliografie; detaillierte bibliografische Daten sind im Internet über http://dnb.de abrufbar.

ISBN 978-3-8005-1924-8

dfv Mediengruppe

www.ruw.de

Druck: WIRmachenDRUCK GmbH, Backnang

Printed in Germany

Vorwort

Der Bereich der Lieferketten-Compliance steht unter einem enormen Anpassungsdruck. Insbesondere der europäische Gesetzgeber hat sich das Thema Nachhaltigkeit in der Lieferkette als eines seiner Hauptregulierungsziele gesetzt. Hierzu gehört, neben der derzeit medial durchaus präsenteren Corporate Sustainability Due Diligence Directive, auch das Thema der Entwaldung – was offen gestanden ein etwas seltsamer Begriff ist, vermutlich wäre Waldschädigung eingänglicher. Die Wahl der Bezeichnung der Verordnung ändert aber glücklicherweise nichts daran, dass rechtliche Grundlagen der Nachhaltigkeit essenziell für die Transformation von Wirtschaft und Gesellschaft in Richtung eines nachhaltigen Wirtschaftens bzw. eines nachhaltigen Lebensstils sind und dass dies durch den europäischen Gesetzgeber erkannt wurde. Eine Umsetzung erfolgt nun unter anderem durch die EU-Entwaldungsverordnung (EUDR).

Wie gut und effizient diese Umsetzung gelungen ist und welche Herausforderungen sich aus dieser ergeben, wird in diesem Werk dargestellt.

Für die Erstellung des Werkes sind nahezu alle verfügbaren Literaturbeiträge Stand April 2024 eingeflossen, was eine umfängliche Beurteilung der Rechtslage erlaubt.

Klar sollte sein – was sich auch im hinteren Teil des Werkes verdichtet –, dass vor allem die EU-Kommission durch Aktualisierungen von FAQ und die Veröffentlichung von Guidelines noch Beiträge zur praktische Umsetzung der Verordnung leisten wird (und muss).

Offenbach, Mai 2024 Patrick Orth

Inhaltsverzeichnis

Abkürzungsverzeichnis

Abs.	Absatz
Art.	Artikel
CMS	Compliance Management System
CO_2	Kohlenstoffdioxid
CS3D	Corporate Social Due Diligence Directive
d. h.	das heißt
ErwG.	Erwägungsgrund
EU	Europäische Union
EUDR	European Union Deforestation Regulation
EUTR	European Union Timber Regulation
FAQ	Frequently Asked Questions
f.	folgende
ff.	fortfolgende
FLEGT	Forest Law Enforcement, Governance and Trade
HolzSiG	Holzhandels-Sicherungs-Gesetz
KMU	Kleine und mittlere Unternehmen
LkSG	Lieferkettensorgfaltspflichtengesetz
Nr.	Nummer
OWiG	Gesetz über Ordnungswidrigkeiten
RL	Richtlinie
Rn.	Randnummer
S.	Seite
s.	siehe
SDG(s)	Sustainable Development Goals
vgl.	vergleiche
VO	Verordnung

Abbildungsverzeichnis

1. Einleitung

Entwaldung, entwaldungsfreie Lieferkette und Geolokalisierung. Hierbei handelt es sich um Begrifflichkeiten, die bis dato keine allzu häufige Verwendung im Rahmen der Lieferketten-Compliance aufwiesen. Doch das soll sich nun ändern – zumindest für diejenigen Unternehmen, die in den Anwendungsbereich der EU-Entwaldungsverordnung fallen.

Mit dieser gesetzlichen Regelung auf EU-Ebene soll der durch die Wirtschaft begründete Rückgang der aus mehrerlei Gründen schützenswerten Waldbestände gestoppt werden. Tatsache ist, dass Wälder einen enormen Nutzen bringen. In ökologischer, wirtschaftlicher, aber auch sozialer Hinsicht. So ist der Wald elementarer Bestandteil für die Regulierung des CO_2-Anteils in der Luft, dient er doch als Kohlenstoffsenke[1] und wirkt damit dem Klimawandel entgegen.[2] Das Holz des Waldes ist darüber hinaus ein wichtiges Wirtschaftsgut, auch oder insbesondere in der heutigen Zeit, wo die Nachfrage nach nachhaltigen Baustoffen spürbar steigt.[3] Darüber hinaus verfügen Wälder über den größten Anteil der weltweiten Biodiversität[4]. Mehr als 80 % der biologischen Vielfalt findet sich dort.[5]

Zugleich ist jedoch festzustellen, dass die Entwaldung, wie auch die Schädigung des Waldes,[6] mit enormer Geschwindigkeit voranschreiten. So wird davon ausgegangen, dass in den 30 Jahren zwischen 1990 und 2020 über 400 Millionen Hektar Wald „verloren gegangen sind". Das entspricht ca. 10 % der nun noch verbleibenden Wälder und ist eine Fläche, die größenmäßig die Fläche der EU übertrifft.[7]

Neben dem Klimawandel mit seinen Auswirkungen auf den Wald (etwa dürrebedingte Waldbrände, die Ausbreitung von Schädlingen

1 Siehe hierzu Kapitel 2.1.3.

2 ErwG. 1, 3 EUDR; so auch Ofterdinger/Granzow, Entwaldungs- und umwandlungsfreie Lieferketten: Herausforderungen und Lösungsansätze am Beispiel von brasilianischem Soja, WWF Deutschland, S. 18.

3 Wittbrodt, InTeR 2022, S. 20, 20.

4 Siehe zur Biodiversität im Detail, Kapitel 2.1.4.

5 Harings/Hörnig, AW-Prax 2023, S. 435, 435.

6 Siehe zu den Begrifflichkeiten Entwaldung und Waldschädigung, Kapitel 2.1.2.

7 ErwG. 2 EUDR.

aufgrund gestiegener Temperaturen etc.), ist die Nutzung der Waldflächen durch die Landwirtschaft treibender Faktor eben dieser Waldschädigungen.[8] Letztere soll dabei ca. 90 % des globalen Waldverlustes verantworten.[9] Im Umkehrschluss bleiben für Klimawandel und weitere Faktoren somit nur noch 10 %, was die potenzielle Hebelwirkung, die durch eine Regulierung der Entwaldung erzeugt werden kann, eindrücklich verdeutlicht.

An vorgenanntem Umfang der Entwaldung trägt die EU einen beachtlichen Anteil. In den Jahren 1990–2008 hat die EU ca. ein Drittel der mit dem Thema Entwaldung verknüpften weltweit gehandelten landwirtschaftlichen Erzeugnisse erworben und verbraucht.[10] Es kann darüber hinaus davon ausgegangen werden, dass sich dieser Verbrauch nicht reduziert, stattdessen weitere 248.000 Hektar Wald pro Jahr bis Ende 2030 „verloren gehen", allein aufgrund des Konsums innerhalb der EU. Konsum umfasst an dieser Stelle die Nutzung der Rohstoffe Rinder, Kakao, Kaffee, Ölpalme, Soja und Holz, die weltweit die größten Verursacher von Entwaldung sind.[11]

Die Herstellung dieser, die Entwaldung fördernden Rohstoffe verteilt sich in überwiegender Art und Weise auf die Länder Afrika, Südamerika, Asien, aber auch Nordamerika und Europa sind relevante Regionen für die direkte Entwaldung vor Ort.[12]

Bezogen auf konkrete Rohstoffe sieht die Verteilung aus wie folgt:

Südostasien: Ölpalme

Zentral- und Westafrika: Kakao und Kaffee

Südamerika: Soja und Rinder.[13]

---

8 Von Henn, ZUR 2021, S. 413, 413.

9 Ofterdinger/Granzow, Entwaldungs- und umwandlungsfreie Lieferketten: Herausforderungen und Lösungsansätze am Beispiel von brasilianischem Soja, WWF Deutschland, S. 13.

10 Vgl. ErwG. 18 EUDR.

11 ErwG. 8 EUDR.

12 EU-Kommission, SWD/2021/326, S. 13.

13 EU-Kommission, SWD/2021/326, S. 13.

Insbesondere Brasilien fällt in diesem Zusammenhang öfter auf. Allein in den Jahren 2001–2015 wurden dort acht Millionen Hektar Wald für den Anbau von Soja gerodet.[14]

Vor dem Hintergrund, dass die meisten dieser Rohstoffe – wie oben dargestellt – nicht in der EU angebaut oder erzeugt werden, kann an dieser Stelle auch von einer „importierten Entwaldung“ gesprochen werden. An der Verantwortung der Verbrauchenden ändert sich durch das Wort „importiert“ allerdings nichts. Diese Verantwortung ergibt sich aus der Notwendigkeit und Verpflichtung nachhaltigen Lebens auf der Erde, um diese für die nächste Generation und auch darauffolgende Generationen weiterhin bewohnbar zu halten.[15]

Der in diesem Zusammenhang verwendete (und allgemein anerkannte) Nachhaltigkeitsbegriff ergibt sich aus dem Modell der sog. Triple Bottom Line oder auch Drei-Säulen-Modell genannt. Hiernach umfasst Nachhaltigkeit die drei gleichberechtigten Faktoren Ökologie, Ökonomie und Soziales. Es geht somit um Natur, um Wirtschaft und um die Gesellschaft. Um Umwelt, Ressourcen, aber auch um Wertschöpfung und Wohlstand sowie um Kultur und Gerechtigkeit.[16]

Interessant vor dem thematischen Hintergrund dieses Werkes ist, dass die erstmalige Verwendung des Begriffs „Nachhaltigkeit“ auf die Forstwirtschaft zurückzuführen ist. Hans Carl von Carlowitz stellte 1713 in seinem Werk „Sylvicultura Oeconomica“ erstmals fest, dass eine nachhaltige Nutzung des Forstes notwendig sei, demnach nur das entnommen werden sollte, was in gleicher Zeit auch nachwachsen kann.[17]

Daran anlehnend sind nachhaltige Produkte folglich solche, die ökologische, ökonomische und soziale Vorteile im Vergleich zu anderen Produkten mit sich bringen – und dies über den gesamten Lebenszyklus.[18]

---

14 Ofterdinger/Granzow, Entwaldungs- und umwandlungsfreie Lieferketten: Herausforderungen und Lösungsansätze am Beispiel von brasilianischem Soja, WWF Deutschland, S. 9.

15 Vgl. der Ökologische Imperativ nach Hans Jonas, Habeck/Jonas, Das Prinzip Verantwortung, S. 38.

16 Holzbaur, Nachhaltige Entwicklung, S. 3, 31 f.

17 Hierauf hinweisend: Holzbaur, Nachhaltige Entwicklung, S. 47.

18 Thielen, AW-Prax 2023, S. 487, 488.

Voranstehendes aufgreifend, hat der europäische Gesetzgeber nun die diesem Praxisleitfaden thematisch zugrunde liegende Verordnung erlassen, die bestehende Regelungen zum Thema Nachhaltigkeit,[19] insbesondere in Bezug auf die Entwaldung, ergänzen beziehungsweise ersetzen soll.

Die EU-Entwaldungsverordnung, nachfolgend aus der englischen Bezeichnung „EU-Deforestation-Regulation" abgeleitet EUDR genannt, wurde am 09. Juni 2023 als Verordnung (EU) 2023/1115 im Amtsblatt der EU verkündet und entfaltet ab dem 30. Dezember 2024 ihre Geltung. Die komplette Bezeichnung der Verordnung lautet:

> *Verordnung über die Bereitstellung bestimmter Rohstoffe und Erzeugnisse, die mit Entwaldung und Waldschädigung in Verbindung stehen, auf dem Unionsmarkt und ihre Ausfuhr aus der Union sowie zur Aufhebung der Verordnung (EU) Nr. 995/2010.*

Diese Bezeichnung lässt bereits den Anwendungsbereich erahnen. Es geht um eine Regulierung des Inverkehrbringens von Produkten in der EU sowie der Ausfuhr aus dieser, sofern diese Produkte mit der Schädigung des Waldes in Verbindung stehen.

Im Rahmen dieses Praxisleitfadens wird auf die konkreten Anforderungen dieser neuen Regelungen eingegangen. Im Fokus stehen hierbei insbesondere die Pflichten und Anforderungen, die sich für die in den Anwendungsbereich der Verordnung fallenden Unternehmen ergeben. Wichtig sind dabei das Inverkehrbringen, das Bereitstellen auf dem Markt und die Ausfuhr von für die Entwaldung relevanten Rohstoffe und Erzeugnisse.[20]

Daneben gilt es, den persönlichen Anwendungsbereich zu definieren[21] und die hiervon abhängigen konkreten Pflichten[22] der betroffenen Unternehmen aufzuzeigen. Bei diesen Pflichten handelt es sich insbesondere um eine dreistufige Due-Diligence, die aus der Informationsbeschaffung über die relevanten Rohstoffe und Erzeugnisse sowie deren in der Lieferkette vorgelagerten Händler,[23] einer Risiko-

19 Siehe hierzu Kapitel 2.2.3.
20 Siehe Kapitel 2.1.1.
21 Siehe Kapitel 2.3.2.
22 Siehe Kapitel 2.3.3. samt Unterkapitel, insb. zu den Ausnahmen für KMU.
23 Siehe Kapitel 2.3.3.1.

analyse darüber, ob die Produkte entwaldungsfrei sind[24] und etwaigen Risiko mindernden Maßnahmen[25] besteht.

Zuvor soll die EUDR allerdings noch in das Gefüge aus Sustainable Development Goals der United Nations[26] und den EU-Green-Deal[27] eingeordnet werden. Ferner findet eine Verortung der gegenständlichen Regelung in den Bereich der Lieferketten-Compliance statt.[28] Hierbei sollen die Auswirkung, wie auch die Anforderung an die Compliance und an Compliance Management Systeme, herausgearbeitet werden, bevor sodann die konkreten Regelungen und etwaige Sanktionen im Falle der Nichtbeachtung betrachtet werden.

Darauf folgt eine Darstellung der zum Zeitpunkt des Verfassens dieses Werkes noch bestehenden praktischen Herausforderungen.[29] So wird in der Literatur vereinzelt sogar davon ausgegangen, dass sich Unternehmen durch die EUDR zukünftig „vollkommen neu organisieren müssen“.[30]

Wie weit die durch die EUDR geschaffenen, neuen Anforderungen tatsächlich gehen und was sie Unternehmen konkret abverlangen, soll im Rahmen dieses Werkes aufgezeigt werden.

---

24 Siehe hierzu Kapitel 2.3.3.2.

25 Siehe hierzu Kapitel 2.3.3.3.

26 Siehe Kapitel 2.2.1.2.

27 Siehe Kapitel 2.2.1.1.

28 Siehe hierzu Kapitel 2.2.2.

29 Siehe Kapitel 2.5.

30 Hasagic, ZLR4/2023, S. 485, 486, mit dieser Vehemenz alleinstehend. Everhardt, DB 2023, S. 2354, 2354 spricht von erheblichen Anpassungen in lieferkettenbezogenen Unternehmensprozessen; Jüttner/Marx, comply 2023, S. 54, 55 von „etlichen Stolpersteinen für Unternehmen“.

2. Die EU-Entwaldungsverordnung (EU) 2023/1115

2.1. Ziele der EU-Entwaldungsverordnung und sachlicher Anwendungsbereich

Gemäß Art. 1 der EU-Entwaldungsverordnung (EUDR), regelt diese das Inverkehrbringen, den Export aus und das Bereitstellen auf dem Markt von relevanten Rohstoffen oder Erzeugnissen in der EU, die zur weltweiten Entwaldung oder Waldschädigung beitragen können. Geltungsbeginn dieser Regulierung für Unternehmen ist der 30. Dezember 2024.

Neben dem konkreten Schutz des Waldes vor Entwaldung oder Schädigung, spielen hierbei insbesondere die damit verbundene Reduktion von Treibhausgasen sowie das Stoppen der stetig sinkenden Biodiversität eine Rolle. Hieraus lassen sich die grundlegenden Ziele der Verordnung, wie auch deren sachlicher Anwendungsbereich ableiten.

2.1.1. Relevante Rohstoffe und Erzeugnisse

So ist der sachliche Anwendungsbereich gemäß Art. 1 EUDR eröffnet, wenn relevante Rohstoffe oder Erzeugnisse angeboten, in Verkehr gebracht oder exportiert werden. Zu den relevanten Rohstoffen zählen neben Holz auch Rinder, Kakao, Kaffee, Ölpalmen, Soja und Kautschuk, vgl. Art. 2 Nr. 1 EUDR.

Dies sind die sieben Rohstoffe, deren Verbrauch in der Europäischen Union den größten Einfluss auf die weltweite Entwaldung hat. Im Rahmen einer Studie wurden dabei konkret folgende prozentuale Anteile an der Entwaldung ausgemacht: 34 % Ölpalme, 32,8 % Soja, 8,6 % Holz, 7,5 % Kakao, 7,0 % Kaffee, 5,0 % Rinder sowie 3,4 % Kautschuk.[31]

In Abgrenzung zu relevanten Rohstoffen, handelt es sich bei relevanten Erzeugnissen um Produkte, die relevante Rohstoffe beinhalten,

---

31 Pendrill et al, Deforestation risk embodied in production and consumption of agricultural and forestry commodities 2005–2018, 2022, https://zenodo.org/records/5886600, zuletzt abgerufen am 28.04.2024; sowie ErwG. 38.

die unter deren Nutzung produziert wurden oder aber mit relevanten Rohstoffen gefüttert wurden, Art. 2 Nr. 2 EUDR. Konkretisiert werden diese Erzeugnisse in Anhang I der Verordnung,[32] der eine (zunächst) abschließende Liste aller Erzeugnisse, die unter die Verordnung fallen, darstellt.[33]

Dort wird den einzelnen Rohstoffen, unter Anwendung der zolltariflichen Codierung nach dem Harmonisierten System und der Kombinierten Nomenklatur inklusive der Zolltarifnummer (HS+KN-Code), eine Auflistung relevanter Erzeugnisse zugeordnet.[34]

Beim relevanten Rohstoff Rinder sind beispielsweise lebende Rinder, deren Fleisch, aber auch Leder und Felle aufgeführt. Für Kakao werden Kakaobohnen, Kakaopulver, aber auch Schokolade oder kakaohaltige Lebensmittel angeführt. Betrachtet man den Rohstoff Kautschuk, finden sich neben Naturkautschuk auch Produkte wie Förderbänder, Treibriemen, Luftreifen und -schläuche. Ähnlich komplex und vielfältig sind die relevanten Erzeugnisse, die sich aus der Ölpalme, Kaffee, Soja und Holz ergeben.

Zu den relevanten Erzeugnissen, die aus zuvor genannten Rohstoffen bestehen, gehören ausdrücklich auch Holzkohle, Druckerzeugnisse und ausgewählte Palmölderivate, die nicht im ursprünglichen Verordnungsentwurf enthalten waren, ihren Weg stattdessen erst im Rahmen der Verhandlungen des Parlaments in den finalen Verordnungstext fanden.[35] Insgesamt sind es 71 relevante Erzeugnisse, die anzahlmäßig ihren Schwerpunkt bei auf Holz basierenden Produkten finden.[36]

Das in Anhang I vor der Kodierung einiger Produkte stehende „ex“ steht hierbei für „Auszug“, was wiederum bedeutet, dass die in der Anlage angeführten Rohstoffe zu einer zolltariflichen Gruppe gehören, hier aber nur ein konkreter Auszug aus dieser Gruppe und nicht

32 Anhang I findet sich in der Anlage dieses Werkes.

33 So auch Hasagic, ZLR 4/2023, S. 485, 487.

34 Lippert, Zoll-Profi 2023, S. 8, 8.

35 Europäisches Parlament, Pressemittelung vom 19.04.2023, https://www.europarl.europa.eu/news/de/press-room/20230414IPR80129/parlament-nimmt-neues-gesetz-zur-bekampfung-der-weltweiten-entwaldung-an, zuletzt abgerufen am 28.04.2024.

36 Dies darstellend, Hartke, WPg 02.2024, S. 77, 78.

die ganze Gruppe in den Anwendungsbereich fällt. Als Beispiel kann „ex 9401“ genannt werden. Diese Gruppe umfasst grundsätzlich Sitzmöbel. In den Anwendungsbereich fallen sollen aber nur solche Sitzmöbel, die aus Holz hergestellt wurden.[37]

Ausdrücklich nicht zu den relevanten Rohstoffen gehören ferner Produkte, die zwar relevante Rohstoffe enthalten, nicht aber ausdrücklich in Anhang I aufgeführt sind.[38] Als Beispiel kann hier Seife angeführt werden, die Palmöl enthalten kann, dennoch nicht unter die EUDR fällt. Anders verhält es sich bei Schokolade, die ein verarbeitetes Produkt auf Basis des relevanten Rohstoffs Kakao ist. Sie steht aber als relevantes Erzeugnis ausdrücklich in Anhang I und unterfällt somit den Regelungen der EUDR.[39]

Bereits an dieser Stelle wird klar, dass der Name der Verordnung, der zunächst vermuten lässt, dass nur holzbasierte Produkte in den Anwendungsbereich der Verordnung fallen könnten, nicht wörtlich genommen werden darf. Die Tragweite der Verordnung durch ihren tatsächlichen Anwendungsbereich ist spürbar größer.[40] Diese Tragweite wird dadurch verstärkt, dass die EUDR komplett auf Schwellenwerte oder Mindestmengen verzichtet.[41]

In der Literatur wird ausdrücklich ausgemacht, dass insbesondere Unternehmen aus nachfolgenden Bereichen ein Augenmerk auf die gesetzliche Neuregelung haben sollten:

---

37 FAQ der EU-Kommission zur EUDR, Stand 22. Dezember 2023, Frage 29; abrufbar unter: https://circabc.europa.eu/ui/group/34861680-e799-4d7c-bbad-da83c45da458/library/e126f816-844b-41a9-89ef-cb2a33b6aa56/details, zuletzt abgerufen am 28.04.2024. Eine Erläuterung der Kombinierten Nomenklatur findet sich unter dem Zeichen (2011/C 137/01) als Mitteilung der EU-Kommission.

38 So auch Uhlig/Gillig, ESGZ 2024, S. 13, 13.

39 FAQ der EU-Kommission zur EUDR, Stand 22. Dezember 2023, Frage 28; abrufbar unter: https://circabc.europa.eu/ui/group/34861680-e799-4d7c-bbad-da83c45da458/library/e126f816-844b-41a9-89ef-cb2a33b6aa56/details, zuletzt abgerufen am 28.04.2024; hierauf auch hinweisend, Harings/Hörnig, AW-Praxis 2023, S. 435.

40 So auch Hörnig, CB 4/2024, S. 119, 120.

41 FAQ der EU-Kommission zur EUDR, Stand 22. Dezember 2023, Frage 30; abrufbar unter: https://circabc.europa.eu/ui/group/34861680-e799-4d7c-bbad-da83c45da458/library/e126f816-844b-41a9-89ef-cb2a33b6aa56/details, zuletzt abgerufen am 28.04.2024.

- Fleisch- und Futtermittelunternehmen;
- Mit Leder handelnde Unternehmen;
- Die Lebensmittel- und Süßwarenindustrie (insbesondere Kaffee, Kakao und Schokolade);
- Die Bau- und Möbelindustrie;
- Unternehmen, die mit Brennholz und Kohle handeln;
- Papierhändler und damit einhergehend auch die Verpackungsindustrie.[42]

Darüber hinaus fallen auch Verlage und Buchhändler in den Anwendungsbereich der Verordnung,[43] ferner sind die Branchen Maschinenbau, die Autoindustrie aber auch die Chemieindustrie betroffen.[44]

Auf konkrete Unternehmenstätigkeiten bezogen, können somit Unternehmen betroffen sein, die:

1. In der EU ansässig sind und hier relevante Produkte verarbeiten, beispielsweise Kakaobohnen;
2. Nicht in der EU ansässig sind und die relevante Rohstoffe in der EU in Verkehr bringen, beispielsweise Palmöl;
3. In der EU ansässig sind und relevante Rohstoffe innerhalb der EU verarbeiten und in Verkehr bringen, z.B. ein Holzproduzent aus Bayern.[45]

Hinzu kommt, dass Art. 34 EUDR vorsieht, dass die Europäische Kommission regelmäßig (erstmals spätestens am 30. Juni 2025) prüft, ob der Anwendungsbereich der Verordnung, also insbesondere relevante Rohstoffe und/oder Erzeugnisse aus diesen, zu erweitern ist. Genannt werden im Verordnungstext (Art. 34 EUDR) bereits Mais und Biokraftstoffe als potenzielle Anwärter zur Aufnahme in Anhang I. Neben der Erweiterung der in den Anwendungsbereich fallenden Rohstoffe wird in Erwägungsgrund 82 auch in Betracht gezogen, den Anwendungsbereich der EUDR auf weitere natürliche Ökosysteme auszuweiten, etwa auf Grünland, Torf- oder Feuchtgebiete.

---

42 Hasagic, ZLR 4/2023, S. 485, 487.

43 Auf den Anwendungsbereich für Buchhändler hinweisend, Hartke, WPg 2.2024, S. 77, 79.

44 Hörnig, CB 4/2024, S. 119, 120.

45 Vgl. auch Jüttner/Marx, comply 2023, S. 54, 55.

Darüber hinaus sieht die EUDR einige Sonderregelungen vor, nach denen der Anwendungsbereich nicht eröffnet ist. Diese sollen nachfolgend kurz dargestellt werden.

Nicht in den Anwendungsbereich der EUDR fallen ausdrücklich gebrauchte Rohstoffe und solche Erzeugnisse, die das Ende ihres Lebenszyklus erreicht haben und als Abfall einzustufen sind.[46] Dies ist ganz im Sinne der Nachhaltigkeit und fördert das unternehmerseitige in Betracht ziehen von Recycling, Zweitverwertung und Kreislaufwirtschaft.[47] Zu beachten ist dabei allerdings, dass diese Sonderregelung ausdrücklich auf Produkte Anwendung findet, die gänzlich aus recyceltem Material bestehen. Sobald eine Mischung mit anderen unter die EUDR fallenden Rohstoffen stattfindet, findet diese doch Anwendung.[48]

Als Beispiel seien hier Verpackungsmaterialien aus zu 90 % recyceltem Papier anzuführen. Bestehen die verbleibenden 10 % aus nicht recyceltem Papier, sorgen diese für die Anwendung der EUDR auf den Hersteller des Verpackungsmaterials.

Ferner sind solche Erzeugnisse nicht nach den Anforderungen der EUDR zu behandeln, die vor dem Inkrafttreten dieser produziert wurden, Art. 1 Abs. 2 EUDR.[49]

Außerdem sind vom sachlichen Anwendungsbereich der Verordnung Unternehmen ausgeschlossen, die zwar relevante Rohstoffe oder Erzeugnisse verarbeiten, deren erzeugtes Produkt sodann aber nicht mehr unter die relevanten Erzeugnisse gemäß Anhang I der Verordnung zu subsumieren ist. Als Beispiel wird von *Hasagic* ein Autositz aus Leder angeführt. Der Lederhändler, der dem Autohersteller das Leder verkauft, unterfällt der EUDR und ihren Sorgfaltspflicht (Leder ist mit dem Code ex 4104 und ex 4107 im Anhang I aufgeführt). Der Autohändler, der ein Produkt (nämlich ein Auto mit Ledersitzen)

46 ErwG. 40 EUDR.

47 Siehe ErwG. 40 EUDR sowie Anhang I der EUDR.

48 FAQ der EU-Kommission zur EUDR, Stand 22. Dezember 2023, Frage 33; abrufbar unter: https://circabc.europa.eu/ui/group/34861680-e799-4d7c-bbad-da83c45da458/library/e126f816-844b-41a9-89ef-cb2a33b6aa56/details, zuletzt abgerufen am 28.04.2024.

49 Hierauf hinweisend, Graetschel/Eschweiler/Freese, KlimR 2023, 205, 207 f.

anbietet – was nicht in Anhang I aufgeführt ist –, bleibt von den Verpflichtungen der EUDR unberührt.[50]

Gleiches gilt etwa für Cafés oder Bäckereien, die ihren Kundinnen und Kunden Gebäck anbieten, das mit Kakao bestreut ist. Kakaopulver selbst ist ein Erzeugnis gemäß Anhang I. Die Bäckerei unterliegt dennoch nicht der EUDR als bereitstellender Händler im Sinne der EUDR, weil Gebäckstücke (egal ob mit oder ohne Kakao) nicht in der Anlage I zu finden sind.

Diese Differenzierung ist wichtig, entscheidet sie doch über ein aufwendig zu implementierendes Lieferketten-Compliance-Management[51] beziehungsweise über durchaus relevante Sanktionen[52] im Falle einer ausbleibenden Beachtung.

Für Unternehmen gilt es daher, die Eröffnung des sachlichen Anwendungsbereichs bezüglich der relevanten Rohstoffe und Erzeugnisse genau zu prüfen, dabei regelmäßig auch etwaige Aktualisierungen von Anhang I im Blick zu behalten. Ist ein vom Unternehmen in der EU in Verkehr gebrachter, exportierter oder auf dem Markt bereitgestellter Rohstoff oder ein Endprodukt dort zu finden, gilt es, sich im Detail mit den Anforderungen der Verordnung auseinanderzusetzen.

2.1.2. Entwaldung und Waldschädigung

Vorgenannt aufgeführte Rohstoffe oder daraus hergestellte Erzeugnisse können zur Entwaldung oder Waldschädigung führen, wenn sie nicht entwaldungsfrei im Sinne der Verordnung abgebaut oder verarbeitet wurden.

Wald meint im Sinne des Art. 2 Nr. 4 EUDR Flächen von mehr als 0,5 Hektar mit über 5 m hohen Bäumen und einer Überschirmung von mehr als 10 %.

Unter dem Begriff der Entwaldung wird die Überführung von Wald in eine für die Landwirtschaft nutzbare Fläche verstanden. Eine landwirtschaftliche Nutzung in diesem Zusammenhang umfasst eine Verwendung der Fläche zu landwirtschaftlichen Zwecken, was auch Plan-

50 Hasagic, ZLR 4/2023, S. 485, 488.
51 Siehe hierzu Kapitel 2.2.2.2.
52 Siehe hierzu Kapitel 2.4.3.

tagen, stillgelegte landwirtschaftliche Flächen und insbesondere auch Flächen für die Aufzucht von Tieren bedeutet, Art. 2 Nr. 5 EUDR.

Dabei ist es nicht essenziell, ob diese Überführung oder Umwandlung aktiv durch den Menschen angestoßen oder herbeigeführt wurde oder ob es sich um einen natürlichen Prozess handelt, vgl. Art. 2. Nr. 3 EUDR.

Auch ein Waldgebiet, das durch einen natürlich bedingten Waldbrand oder einen Tornado zerstört wurde, fällt demnach unter den Anwendungsbereich der EUDR. Holz oder Kohle aus solchen betroffenen Gebieten wäre nicht entwaldungsfrei und somit unzulässig.[53]

Für die Praxis essenziell ist der Hinweis darauf, dass das Tatbestandsmerkmal der Überführung in eine *„für die Landwirtschaft nutzbare Fläche"* beachtet werden muss. Werden Bäume zu Zwecken des Ausbaus von Infrastruktur gefällt, stellt dies ausdrücklich keine Entwaldung im Sinne der Verordnung dar.[54] Dahingehend ist die Definition von Entwaldung enger zu verstehen, als möglicherweise allgemein angenommen werden könnte.

In Abgrenzung zur Entwaldung wird von einer Waldschädigung gesprochen, wenn eine strukturelle Veränderung des Waldes herbeigeführt wird, die von der natürlichen Entwicklung des Waldes abweicht, vgl. Art. 2 Nr. 7 EUDR. Hierunter wird das Anlegen von Plantagen oder eine widernatürliche Aufforstung verstanden, die beispielsweise rein auf Basis ökonomischer Kriterien vorgenommen wird. Die Umwandlung eines natürlichen Waldes in eine Zucht für Weihnachtsbäume würde somit eine Waldschädigung darstellen, auch wenn – unwissenschaftlich betrachtet – immer noch ein Wald aufzufinden wäre.

Dies rührt daher, dass beide Fälle eine Veränderung des schützenswerten Ökosystems Wald darstellen und im Ergebnis im Rahmen der Verordnung stets gleichgestellt behandelt werden.

---

53 FAQ der EU-Kommission zur EUDR, Stand 22. Dezember 2023, Frage 49; abrufbar unter: https://circabc.europa.eu/ui/group/34861680-e799-4d7c-bbad-da83c45da458/library/e126f816-844b-41a9-89ef-cb2a33b6aa56/details, zuletzt abgerufen am 28.04.2024.

54 FAQ der EU-Kommission zur EUDR, Stand 22. Dezember 2023, Frage 48; abrufbar unter: https://circabc.europa.eu/ui/group/34861680-e799-4d7c-bbad-da83c45da458/library/e126f816-844b-41a9-89ef-cb2a33b6aa56/details, zuletzt abgerufen am 28.04.2024.

2.1.3. Treibhausgasemission

Eines der Ziele der Verordnung ist es, gemäß Art. 1 Abs. 1 b) EUDR, durch die Reduzierung der Entwaldung den Anteil von Treibhausgasen in der Luft zu reduzieren. Dies soll der Bekämpfung des Klimawandels dienen.

Unstrittig ist, dass die Veränderung der Atmosphäre Hauptursache für den Klimawandel ist. Ursache für diese Veränderung ist vor allem der auf den Menschen zurückzuführende Anstieg von CO_2 und Methan, der zu einem Temperaturanstieg innerhalb der Atmosphäre führt, was wiederum Rückkopplungseffekte beispielsweise durch Waldbrände oder das Schmelzen des Permafrosts haben kann.[55] Vertiefte grundlegende Ausführungen zum Klimawandel sollen an dieser Stelle nicht erfolgen, lediglich ein Augenmerk auf nachfolgenden Faktor geworfen werden, der im Zusammenhang mit der Entwaldung besonders relevant ist:

Pflanzen (somit auch Bäume, die wiederum Einzelobjekte der im Rahmen dieses Buches gegenständlichen Wälder darstellen) verbrauchen zu deren Energiegewinnung und zum Wachstum CO_2. Im Rahmen der Photosynthese binden sie das CO_2 zu großen Teilen als Biomasse, was zum Pflanzenwachstum führt.[56]

Eine Pflanze beziehungsweise ein Baum beziehungsweise Wälder stellen somit eine natürliche CO_2-Senke dar, indem sie Treibhausgase aus der Atmosphäre entziehen und hierdurch dem Anstieg der Temperaturen und somit wiederum dem Klimawandel entgegenwirken. Wenig überraschend dürfte aber die Tatsache sein, dass im Falle der Rodung und der darauffolgenden Verbrennung oder Zersetzung des Holzes, das während des Wachstums gebundene CO_2 wieder freigesetzt wird. Die Bindung hat somit nur so lange positive Auswirkungen auf den Klimawandel, wie der Wald intakt bleibt.[57]

2.1.4. Biodiversität

Ferner ist Ziel der Verordnung (Art. 1 Abs. 1 b) EUDR), die Biodiversität (insbesondere im Ökosystem Wald) aufrechtzuerhalten bezie-

55 Holzbaur, Nachhaltige Entwicklung, S. 137.
56 Holzbaur, Nachhaltige Entwicklung, S. 140.
57 ErwG. 1–3 EUDR.

hungsweise deren stetigen Abbau zu verhindern. Unter Biodiversität wird ein Prinzip verstanden, das zur Bewahrung der natürlichen Ressourcen beiträgt. Hierbei gilt, dass ein Ökosystem stärker und resilienter ist, wenn es vielfältig und (räumlich) groß ist, darüber hinaus eine starke Vernetzung der Elemente des Systems vorliegt.[58]

Ist dies der Fall, können sich verschiedene Pflanzen und Lebewesen innerhalb des gesamten Systems ausbreiten und haben dabei Einfluss auf grundlegende Faktoren des Gesamtsystems, etwa die Luft, das Wasser und den Boden.[59]

Hierzu gehören beispielsweise das Bestäuben von Pflanzen durch Bienen, das Verbreiten von Samen durch Vögel, der positive Einfluss von Wäldern auf die Grundwasservorräte und das Entgegenwirken vor Dürre durch die natürliche Temperatursenkung in Waldgebieten.[60]

Wird dieses Zusammenspiel der diversen Arten nun etwa durch Entwaldung, Straßenbau (der zur räumlichen Trennung von Gebieten führt) oder ähnliche Maßnahmen eingeschränkt, hat dies verschiedene Folgen. Es können sog. Inselbiotope entstehen, Regionen, die zu klein sind, um langfristig erfolgreich fortzubestehen (etwa aufgrund Aussterbens von Arten, Fernbleiben von für das Ökosystem wichtigen Lebewesen etc.).[61]

Um dem entgegenzuwirken, hat die EU im Jahr 2020 ihre EU-Biodiversitäts-Strategie bekannt gegeben. Hierin wird zunächst festgestellt, dass die Mitgliedstaaten zutiefst besorgt über den weltweiten Verlust biologischer Vielfalt seien. Hieraus ergäben sich Handlungspflichten, gegen die Ursachen vorzugehen, etwa den Klimawandel, Umweltverschmutzung, Land- und Meeresnutzung, aber insbesondere auch den Raubbau natürlicher Ressourcen. Dies sei notwendig, um ein gut funktionierendes Ökosystem zu stärken und resilienter zu gestalten.[62]

58 Holzbaur, Nachhaltige Entwicklung, S. 114.
59 Holzbaur, Nachhaltige Entwicklung, S. 114 f.
60 Siehe ErwG. 4 EUDR.
61 Holzbaur, Nachhaltige Entwicklung, S. 114.
62 Rat der EU, Pressemitteilung vom 23. Oktober 2020, Rat nimmt Schlussfolgerungen zur EU-Biodiversitätsstrategie für 2030 an, https://www.consilium.europa.eu/de/press/press-releases/2020/10/23/council-adopts-conclusions-on-the-eu-biodiversity-strategy-for-2030/, zuletzt abgerufen am 28.04.2024; hierauf bezugnehmend: ErwG. 10 der EUDR.

Eine Folge der EU-Biodiversitäts-Strategie ist die am 13. September 2022 durch die EU veröffentlichte EU-Waldstrategie 2030, die sich unter anderem dem Thema Entwaldung intensiv annimmt.[63]

2.1.5. Schutz indigener Völker und der Menschenrechte

Neben Treibhausgasen und Biodiversität spielt auch der Schutz von Menschenrechten und der indigener Völker eine zentrale Rolle. Der Themenkomplex wird zwar nicht in Art. 1 der Verordnung explizit erwähnt, die Verhinderung von Entwaldung bedeutet zugleich aber den Erhalt von Lebensräumen indigener Völker, die durch ausbleibende Entwaldung nicht aus ihren Territorien vertrieben werden.[64]

Daher sei es ausdrücklich geboten, im Rahmen der durch die EUDR geforderten Risikobewertung, etwaige Menschenrechtsverletzungen oder Verletzungen der Rechte indigener Völker einzubeziehen.[65] Diese Anforderungen fanden sodann auch Einzug in Art. 10 Abs. 2 c)–e), und h) EUDR.

Um voranstehende Ziele zu erreichen, schreibt die EUDR den Marktteilnehmern die Einhaltung der in der Verordnung geregelten Verpflichtungen, insbesondere der Sorgfaltspflicht, vor.

Bevor diese Pflichten aber im Detail dargestellt werden, soll nachfolgend zunächst eine Einordnung der Verordnung in verschiedene relevante Regelungsgefüge vorgenommen werden.

2.2. Einordnung der EU-Entwaldungsverordnung in bestehende Regelungsgefüge

Die EUDR als eine relativ neue, durch die Europäische Union erlassene Rechtsquelle, ist nur Teil eines beziehungsweise mehrerer komplexer Konstrukte zur Erhöhung von Nachhaltigkeit, Achtung der

63 Amtsblatt der Europäischen Union, C125/23.
64 ErwG. 41 EUDR.
65 ErwG. 42 EUDR.

Menschenrechte, Umweltschutz und einer damit einhergehenden gesteigerten Transparenz von Lieferketten.[66]

Nachfolgend soll die EUDR mit dem EU-Green-Deal, den Sustainable Development Goals (SDGs) und der sog. Lieferketten-Compliance in Kontext gesetzt werden.

2.2.1. Die EU-Entwaldungsverordnung im Kontext des EU-Green-Deals und der Sustainable Development Goals

2.2.1.1. Der EU-Green-Deal

Der EU-Green-Deal stellt ein Regelungsgefüge dar, das durch die Europäische Union Ende 2019 mit dem Ziel erlassen wurde beziehungsweise in Form von Richtlinien und Verordnungen anteilig noch erlassen wird, klima- und umweltbedingte Herausforderungen anzugehen. Die EU plant hier kein „grünes Korsett“, sondern hat mit dem Green-Deal eine Wachstumsstrategie beschlossen, die die EU in eine moderne, effiziente und zugleich wettbewerbsfähige Wirtschaftszone überführen soll. Dies geschieht mit dem Ziel, im Jahr 2050 keine Netto-Treibhausgasemissionen mehr auszustoßen. Als Zwischenziel wird im Rahmen des EU-Green-Deals eine Reduktion der Treibhausgasemissionen bis zum Jahr 2030 auf 50–55 % im Vergleich zum Jahr 1990 angestrebt.[67]

Der Grundgedanke hinter dem EU-Green-Deal ist, dass eine Entkopplung von Wirtschaftswachstum und Ressourcennutzung herbeigeführt werden soll. Der EU-Green-Deal stellt dabei, wie unten noch ausgeführt wird, einen wichtigen Teil der europäischen Strategie zur Einhaltung und Umsetzung der Sustainable Development Goals der UN dar.[68]

Nachfolgende Abbildung zeigt Zielsetzung und Anwendungsbereich des europäischen Regelungskonglomerats in seiner Gesamtheit auf:

66 So auch Herold et al., ZRFC 2024, S. 7, 7, ebenso Kapoor, ESGZ 2022, S. 4, 7.
67 Vgl. Europäische Kommission, Mitteilung der Kommission, COM (2019), 640.
68 Europäische Kommission, Mitteilung der Kommission, COM (2019), 640.

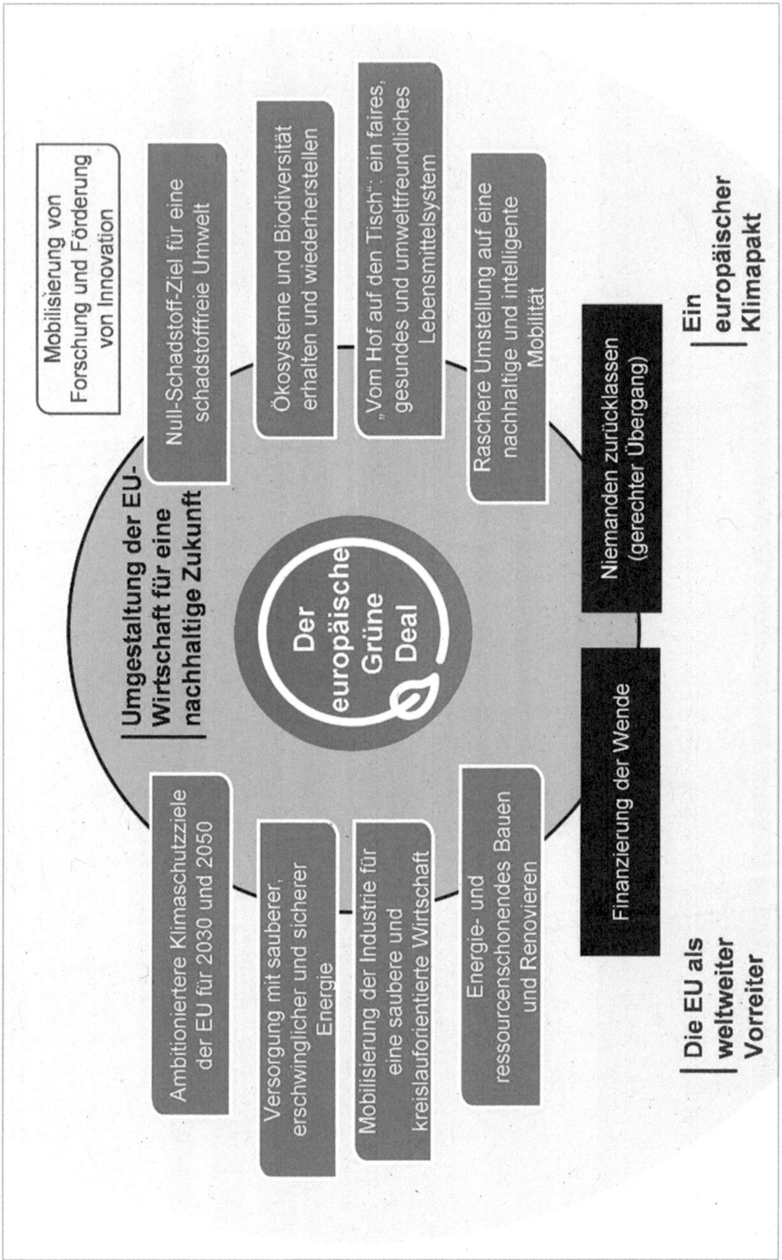

Abb. 1: Der europäische Grüne Deal, Quelle: Europäische Kommission, Mitteilung der Kommission, COM (2019), 640.

Teilelement des EU-Green-Deals ist somit, sich den Herausforderungen des Klimawandels zu stellen und dem Verlust der biologischen Vielfalt entgegenzuwirken. Genau hier setzt auch die EUDR an.[69]

Die EU hat sich unter anderem mit dem Erlass dieser Verordnung zum Ziel gesetzt, global führender Akteur im Bereich des nachhaltigen Wirtschaftens zu werden, um hierdurch ein *„offenes und faires multilaterales System zu schaffen, in dem nachhaltiger Handel als zentrales Instrument des ökologischen Wandels“* dient.[70]

Neben den von der EUDR adressierten Bereichen Umweltschutz und Biodiversität sind, wie obenstehender Abbildung zu entnehmen ist, andere Themengebiete ebenfalls relevant, wie etwa die nachhaltige Energieversorgung, Lebensmittelversorgung, Mobilität, Bauwesen, Kreislaufwirtschaft und weitere.

Aus dem EU-Green-Deal leitet die EU verschiedene Strategien ab, die sodann in Gesetzgebungsverfahren münden (sollen). Einige wenige werden nachfolgend beispielhaft aufgeführt, um zu veranschaulichen, welchen Umfang das Gesamtpaket mit sich bringt:

– Neue EU-Strategie zur Anpassung an den Klimawandel
– Strategie für Offshore-Windenergie
– Industriestrategie für eine saubere und kreislauforientierte Wirtschaft
– Strategie für nachhaltige und intelligente Mobilität
– „Vom Hof auf den Tisch“- oder auch „Farm to Fork“-Strategie
– EU-Biodiversitätsstrategie
– Neue EU-Forststrategie
– Neue Strategie für nachhaltiges Finanzwesen
– ….[71]

Es lässt sich festhalten, dass die EUDR einen kleinen Teil des EU-Green-Deals darstellt. Dieser wiederum ist nicht als „grünes Korsett“ gedacht, er stellt stattdessen die Grundlage für die langfristig ausgerichtete europäische Wachstumsstrategie dar. Inwieweit die EUDR

69 So auch Uhlig/Gillig, ESGZ 2024, S. 13, 13.
70 ErwG. 24 EUDR.
71 Europäische Kommission, Mitteilung der Kommission, COM (2019), 640.

diesen Anforderungen gerecht werden kann, wird sich in den nachfolgenden Kapiteln – zumindest im Ansatz – zeigen.

2.2.1.2. Die Sustainable Development Goals (SDGs)

Neben der soeben dargestellten europäischen Zielsetzung, eine nachhaltigere Entwicklung der Wirtschaft in Europa voranzutreiben, verfolgt die UN weltweit das gleiche Ziel, wenn auch mit etwas weiterem Fokus. Die Agenda 2030, die im Jahr 2015 durch die UN verabschiedet wurde, setzt als Nachfolgeregelung der Agenda 21 deren Vision zur Herbeiführung einer nachhaltigeren Welt fort. Dies geschieht durch die Definition von Nachhaltigkeitszielen für die Mitgliedstaaten, auch als Sustainable Development Goals (kurz: SDGs) bekannt.[72]

Analog zu dem in der Einführung definierten Begriff der Nachhaltigkeit, umfasst auch das Verständnis der UN nicht nur den ökologischen Aspekt, sondern sieht daneben (gleichberechtigt) ökonomische und soziale Themenfelder vor. Diese Themenfelder werden im Rahmen von 17 SDGs sowie in 169 Unterzielen abgebildet.

Diese Ziele und Unterziele wiederum lassen sich in fünf Kernbotschaften zusammenfassen, auf die sich die SDG fokussieren, nämlich People, Planet, Prosperity, Peace und Partnership, die auch als die 5 P bekannt sind.

Anders als bei gesetzlichen Regelungen, etwa denen, die auf dem EU-Green-Deal basieren, definieren die SDGs keine konkreten Maßnahmen. Diese gilt es, durch die Mitglieder der UN durch Entwicklung nationaler Maßnahmen zu definieren, um deren Zielerreichung herbeizuführen.[73]

Der nationale Rahmen soll somit die Grundlage für entsprechende Regulierung sein, um möglichst spezifische Regelungen erlassen zu können – der Kreis der Mitgliedstaaten der UN ist bekanntermaßen in vielerlei Hinsicht sehr heterogen.[74]

---

72 Holzbaur, Nachhaltige Entwicklung, S. 82; Grunwald/Kopfmüller, Nachhaltigkeit, S. 38.

73 Krause/v. Hesberg, in Andrejewski/Krause/v. Hesberg, Praxishandbuch ESG, S. 34 Rn. 16.

74 Grunwald/Kopfmüller, Nachhaltigkeit, S. 40.

Mit diesem Vorgehen tritt eine weitere Differenzierung zwischen dem EU-Green-Deal und den SDGs zu Tage: Die SDGs adressieren Mitgliedstaaten, also Länder oder Verbunde davon (wie die EU). Sie regen dort zum Erlass von gesetzlichen Regelungen und Maßnahmen an. Diese Regelungen und Maßnahmen richten sich, nicht nur, aber insbesondere, an die Wirtschaft i. S. v. Unternehmen. Diese wiederum sollen durch die Regulierung ihren Beitrag zur Erreichung der Ziele der EU wie auch der UN leisten und einen Impact schaffen.

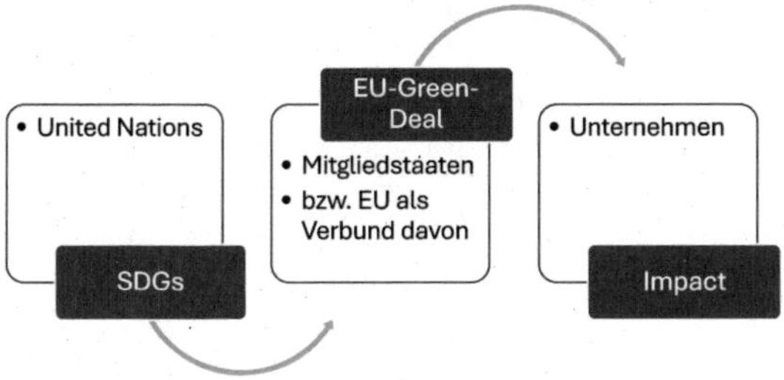

Abb. 2: Verhältnis United Nations/EU/Unternehmen. Quelle: Eigene Darstellung.

Festzuhalten ist, dass trotz der klaren Adressierung der Mitgliedstaaten, auch Unternehmen die SDGs als Grundlage für ihre Nachhaltigkeitsstrategie verwenden können und dies auch tun.[75]

Die UN veröffentlicht im Rahmen der Agenda 2030 jedes Jahr den sog. „SDG-Report" auf Ebene der Mitgliedstaaten. Nachfolgend ist das Ergebnis des Reports für Deutschland für das Jahr 2023 abgebildet.

75 Z.B. die Unternehmen Henkel, siehe https://www.henkel.com/sustainability/positions/sustainable-development-goals?Tab-805378_3, zuletzt abgerufen am 28.04.2024 oder Hipp, Nachhaltigkeitsbericht 2022, https://www.hipp.de/fileadmin/media/DE-AT/pdf/UeberHiPP/HiPP_Nachhaltigkeitsbericht_2022.pdf, S. 11, zuletzt abgerufen am 28.04.2024.

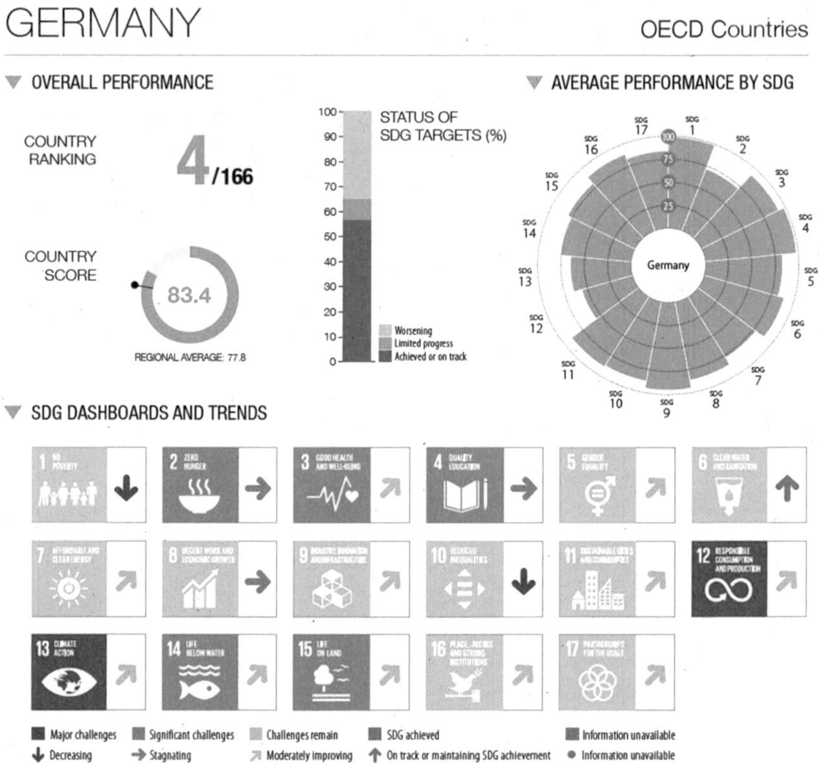

Abb. 3: SDG-Report 2023, Deutschland. Quelle: Sachs et al, SDG-Report 2023, S. 250.

Diesem Report lassen sich einerseits die von der UN definierten 17 SDGs entnehmen, zudem ist durch farbliche Hinterlegung dargestellt, wie weit die Zielerreichung im jeweiligen Mitgliedstaat vorangeschritten ist. Oben ist erkennbar, dass Deutschland auf Platz 4 der 166 der in das Ranking einbezogenen Länder steht, und dies, obwohl keines der 17 SDGs bereits erreicht ist. Dass es vor dem Hintergrund des Status Quos an mehr Regulierung zum Erreichen der Ziele bedarf, liegt auf der Hand.

Die EUDR als europäische gesetzliche Regelung stellt nun einen Teil des Verwirklichungsrahmens der SDGs dar.[76] Wie oben angeführt,

76 Vgl. ErwG. 11, 20 EUDR.

sollen diese die Mitgliedstaaten dazu bringen, Maßnahmen zur Zielerreichung umzusetzen. Dies geschieht im Fall der EUDR nicht auf nationaler, sondern auf europäischer Ebene.

In Erwägungsgrund 20 der EUDR hält der europäische Gesetzgeber fest, dass *„Die Beendigung der Entwaldung und die Wiederherstellung geschädigter Wälder […] wesentliche Bestandteile der SDG"* sind. Das Thema der Entwaldung wird den SDGs 15, 13, 12, 2 und 3 als maßgeblich betroffene Ziele zugeordnet, deren Erreichung mit der EUDR gefördert werden soll.

Hierbei handelt es sich um folgende Themengebiete:

– Leben an Land (SDG 15)

– Klimaschutz (SDG 13)

– Nachhaltige Konsum- und Erzeugungsmuster (SDG 12)

– Kein Hunger (SDG 2)

– Gesundheit und Wohlergehen (SDG 3).[77]

In obenstehender Abbildung gut erkennbar, sind gerade dies Ziele, bei denen für Deutschland noch mindestens signifikante Herausforderungen offen sind, eine Zielerreichung somit noch lange nicht vorliegt. Ob alle SDGs jemals von allen Mitgliedstaaten komplett erreicht werden, ist jedoch offen. Es lässt sich aber feststellen, dass insbesondere die Politik durch die Dynamik, die die UN mit den SDGs erzeugt hat, ebenfalls begonnen hat, ihre gesetzgeberische Tätigkeit in die gleiche Richtung zu bewegen,[78] was zuletzt auch am EU-Green-Deal und ganz konkret anhand der diesem Praxisleitfaden zugrundeliegenden EUDR ausgemacht werden kann.

2.2.2. Die EU-Entwaldungsverordnung im Kontext der Lieferketten-Compliance

Nachfolgend soll die Entwaldungsverordnung auch in den Kontext der Lieferketten-Compliance eingeordnet werden. Diese basiert auf einer Vielzahl von nationalen, aber auch europäischen gesetzlichen Regelungen. Da für einige (vor allem kleinere) in den Anwendungs-

---

77 ErwG. 20 EUDR.

78 Grunwald/Kopfmüller, Nachhaltigkeit, S. 42.

bereich der EUDR fallende Unternehmen das Thema der Lieferketten-Compliance noch nicht schwerpunktartig von unternehmerischer Relevanz gewesen sein dürfte, wird nachfolgend zunächst kurz auf die Grundlagen der Compliance und die Relevanz eines Compliance Management Systems (CMS) eingegangen, bevor hernach ein Fokus auf die Lieferketten-Compliance und etwaige, das CMS betreffende, Anforderungen der EUDR gelegt wird.

2.2.2.1. Compliance und Compliance Management Systeme (CMS)

Unter dem Begriff Compliance wird grundsätzlich die Einhaltung von Regeln verstanden. Im Duden wird Compliance als ein im Wirtschaftsjargon verwendetes Wort, wie folgt definiert: *„regelgerechtes, vorschriftsgemäßes, ethisch korrektes Verhalten“.*[79]

Im Unternehmenskontext sind Grundlage hierfür gesetzliche Regelungen, zugleich aber auch unternehmensinterne Richtlinien.[80] Bezüglich der rechtlichen Anforderungen lässt sich festhalten, dass die konkrete Auswahl der geltenden Bestimmungen abhängig von Faktoren des Einzelfalls sein kann, so dass das Geschäftsmodell, die Unternehmensgröße, die Branche oder eine mehr oder weniger internationale Ausrichtung Einfluss auf die einschlägigen Normen haben können.[81]

Die Einhaltung dieser Regelungen wird – optimalerweise – durch ein sog. Compliance Management System (CMS) überwacht. Dieses umfasst alle Aktivitäten eines Unternehmens, die die Einhaltung besagter Vorschriften sicherstellen.[82] Auch hier gilt, analog zu den unterschiedlichen rechtlichen Anforderungen, die auf ein Unternehmen Anwendung finden können, dass das Compliance Management

79 Duden, Compliance, abrufbar unter https://www.duden.de/rechtschreibung/Compliance, zuletzt abgerufen am 28.04.2024.
80 Schmigale, in Andrejewski/Krause/v. Hesberg, Praxishandbuch ESG, S. 322, Rn. 5.
81 Schulz, in Schulz (Hrsg.), Compliance Management im Unternehmen, S. 10 Rn. 16.
82 Schmigale, in Andrejewski/Krause/v. Hesberg (Hrsg.), Praxishandbuch ESG, S. 322, Rn. 5.

System und dessen konkrete Ausrichtung abhängig von Faktoren des Einzelfalls beziehungsweise des konkreten Unternehmens sind.[83]

Handelt ein Unternehmen non-compliant, kann dies erhebliche Nachteile, Risiken und auch Kosten bedeuten, die schwerwiegende Auswirkungen auf die unternehmerische Tätigkeit oder gar auf das Geschäftsmodell per se haben können.[84]

Diese Risiken können vielfältiger Natur sein. Das Spektrum reicht von Bußgeldern über strafrechtliche Sanktionen bis hin zu Verschlechterungen der Kreditwürdigkeit und des Ansehens am Markt oder gar Ausschlüssen bei Ausschreibungsverfahren.[85]

Zur Reduzierung dieser Risiken gilt es daher, als Unternehmen compliant zu sein und dies unter Anwendung der nachfolgenden Funktionen von Compliance zu gewährleisten. Diese sind:

– die sog. Schutzfunktion,
– die Risikomanagementfunktion,
– eine Informations- und Beratungsfunktion,
– eine Monitoringfunktion,
– eine Qualitätssicherungs- und Innovationsfunktion sowie
– eine Marketingfunktion.[86]

Insbesondere die Monitoringfunktion und die Marketingfunktion haben für die Lieferketten-Compliance eine gesteigerte Wichtigkeit, was im nachfolgenden Kapitel erkennbar werden wird.

2.2.2.2. Lieferketten-Compliance

Die Entwaldungsverordnung stellt nun ein weiteres Glied innerhalb dieser komplexen Anforderungen an die Compliance dar, in diesem Fall mit Fokus auf die Einhaltung gesetzlicher Regelungen innerhalb

---

83 Schulz, in Schulz (Hrsg.), Compliance Management im Unternehmen, S. 17 Rn. 30; S. 53, Rn. 101.

84 Schulz, in Schulz (Hrsg.), Compliance Management im Unternehmen, S. 5 Rn. 7.

85 Schulz, in Schulz (Hrsg.), Compliance Management im Unternehmen, S. 5 Rn. 6; in Bezug auf die EUDR konkret darauf hinweisend, Herold et al., ZRFC 2024, S. 7, 9.

86 Im Detail hierzu: Schulz, in Schulz (Hrsg.), Compliance Management im Unternehmen, S. 7 Rn. 9 f.

der Lieferkette – auch Lieferketten-Compliance genannt. Die Lieferkette beinhaltet gemäß der, auch im Rahmen der Darstellungen über die EUDR geeigneten Definition nach § 2 Abs. 5 LkSG,[87] alle Schritte im In- und Ausland, die für die Herstellung eines Produktes oder für die Erbringung einer Dienstleistung erforderlich sind, beginnend bei der Rohstoffgewinnung bis hin zur Lieferung von Produkt oder Dienstleistung an den Endkunden. Erfasst werden dabei die Handlungen des Unternehmens im eigenen Geschäftsbereich, aber auch Handlungen von unmittelbaren wie auch mittelbaren Zulieferern.

Allgemein ist festzustellen, dass auf EU-Ebene vermehrt Regelungen Gegenstand des Gesetzgebungsprozesses waren (oder sind), die sich mit der Verantwortung beziehungsweise mit Sorgfaltspflichten in den Lieferketten beschäftigen.[88] Dies beinhaltet insbesondere die Frage der Transparenz in der unternehmenseigenen Wertschöpfungskette.[89]

Im Zusammenhang der Rechtsentwicklung wird in der Literatur auch vom *„Trend der extensiveren Etablierung von Sorgfaltspflichten für Unternehmen“* gesprochen, wobei sich die Sorgfaltspflichten regelmäßig auf die Lieferkette und damit auf den Wertschöpfungsprozess von Unternehmen beziehen.[90]

Im Rahmen dessen werden den Unternehmen durch diese Regelungen weitere gesetzliche Sorgfaltspflichten auferlegt, die zuvor eher in den Bereich der (freiwilligen) Corporate Social Responsibility (CSR) fielen. Gab es vor einigen Jahren hier noch eine klare Trennung, fällt eine Abgrenzung heute schwerer.[91]

So wurde aus einer tendenziell freiwilligen Beobachtung der Lieferkette, der Anwendung verschiedener Maßnahmen zur Sicherstellung der unternehmensinternen CSR-Vorgaben oder Vorgaben, denen sich Unternehmen freiwillig unterworfen haben, um beispielsweise eine Zertifizierung zu erhalten, nun mehr und mehr ein Konvolut aus ver-

---

87 Die EUDR selbst sieht keine Definition des Lieferkettenbegriffs vor; hierauf ebenfalls hinweisend: Ruttloff/Wagner/Kappler/Schuler, BB 2024, S. 707, 710.

88 Herold et al., ZRFC 2024, S. 7, 7; ganz aktuelles Beispiel von Anfang März 2024 ist die Einigung bezüglich des Verordnungsentwurfs zum Verbot von in Zwangsarbeit hergestellten Produkten (COM/2022/453).

89 Friedrich/Zimmermann, ESGZ 2024, S. 28, 28.

90 Rutloff/Wagner/Hahn, CB 3/2022, S. 64, 64.

91 Soong/Ochs, CB 2023, S. 155, 159.

bindlichen, rechtlichen Vorgaben – einige davon auch mit durchaus relevanten Sanktionierungen im Falle von Verstößen.[92]

Hinzu kommt, dass es im Compliance Management lange galt, weitestgehend grundsätzliche Verhaltenspflichten einzuhalten, beispielsweise die Anforderungen nach § 130 OWiG, kartellrechtliche Vorgaben, aber auch allgemeingültige Regelungen zu Abgaben und Steuern. Neuerdings fokussieren sich einige aktuelle Compliance Vorgaben hingegen auf einen sehr viel eingeschränkteren und konkreteren Kreis an Unternehmen.[93]

Diese Konkretisierung des Anwendungsbereichs kann einerseits branchen- und produktunabhängig auf Unternehmen ab einer bestimmten Größe vorgefunden werden, wie beim Lieferkettensorgfaltspflichtengesetz. Hier sind die Anforderungen klar an die Unternehmensgröße von 3.000 beziehungsweise seit dem 1. Januar 2024 nur noch 1.000 Mitarbeitern gebunden, § 1 Abs. 1 LkSG.

Andererseits wird durch neue Regelungen ein produktbezogener Ansatz verfolgt, etwa wie bei der EUDR bezüglich der Gewährleistung einer entwaldungsfreien Lieferkette. Anders als beim LkSG, ist der Anwendungsbereich hier unabhängig von der Größe des Unternehmens eröffnet[94], gilt dafür immer, wenn relevante Rohstoffe oder Erzeugnisse (Produkte) in der EU in Verkehr gebracht, exportiert und/oder angeboten werden. Das Produkt des Unternehmens beziehungsweise hierfür verwendete Rohstoffe oder Erzeugnisse entscheidet somit über die Anwendbarkeit der gesetzlichen Regelung.[95]

Es gilt im Falle der EUDR folglich nicht mehr (bloß) vor der Einführung eines Produktes die generelle Zulässigkeit sicherzustellen, vielmehr entstehen produktbezogene Sorgfaltspflichten, die Unternehmen dazu anhalten, ihre Lieferkette systematisch und dauerhaft zu prüfen (Monitoringfunktion der Compliance). Neben der im Rahmen dieses

---

92 Anlehnend an Schröder/Schulz, Praxisleitfaden Supply Chain Compliance, S. 4 Rn. 8.

93 Lippert/Köhler, Zoll-Profi 2022, S. 2, 2.

94 Hierauf aufmerksam machend, Harings/Hörnig, AW Praxis 2023, S. 435, 435; zu den Besonderheiten bezüglich der Unternehmensgröße bei der Anwendung der EUDR siehe Kapitel 2.3.3.4.

95 So auch Everhardt, DB 2023, S. 2354, 2354; ebenso Uhlig/Gillig, ESGZ 2024, S. 13, 13.

Praxisleitfadens im Fokus stehenden EUDR gilt dies beispielsweise für die Konfliktmineralienverordnung[96], für die Batterieverordnung[97], die am 18. Februar 2024 in Geltung getreten ist, sowie für weitere, insbesondere europäische Bestimmungen.[98]

Bei neuen geltenden Compliance-Regelungen stellt sich die Frage, wie diese erfolgreich in einem Unternehmen umgesetzt werden können. Grundsätzlich gibt es hierbei verschiedene Wege, die nachfolgend mit Bezug auf die Lieferketten-Compliance kurz aufgezeigt werden sollen.

So besteht einerseits die Möglichkeit, die neuen Anforderungen in ein bestehendes Compliance Management System zu inkludieren.[99] Existiert ein solches System (noch) nicht, gilt es, durch alle Unternehmensebenen Zuständigkeiten bezüglich der Verantwortung und etwaigen Berichtspflichten zu definieren und ein CMS baldmöglichst einzuführen.[100]

Alternativ kann, neben dem vorhandenen CMS, auch ein eigens für die Lieferketten-Compliance vorgesehenes Compliance System geschaffen werden, ein sog. Supply-Chain-Compliance Management System.[101]

Darüber hinaus könnte, konkret für den Fall der EUDR, in Erwägung gezogen werden, das Thema Entwaldungsverordnung (ggf. gemeinsam mit anderen Themen der Lieferketten-Compliance) in den Be-

---

96 VO (EU) 2017/821 – im Fokus stehen hier Sorgfaltspflichten in der Lieferkette für Unternehmen, die Zinn, Tantal, Wolfram, deren Erze und Gold aus Konflikt- und Hochrisikogebieten in die EU einführen.

97 VO (EU) 2023/1542, die Unternehmen, die Batterien in der EU in Verkehr bringen oder deren Nutzung ermöglichen, ebenfalls mit Sorgfaltspflichten auferlegt.

98 Lippert/Köhler, Zoll-Profi 2022, S. 2, 3 f.

99 Details zur Implementierung der Lieferketten-Compliance in ein bestehendes CMS, siehe Brauer/Busker, CB 2022, S. 472, 472 ff.

100 Harings/Hörnig, AW-Prax 2023, S. 277, 280; auf die Unausweichlichkeit ein CMS spätestens mit Geltung der EUDR einzuführen, hinweisend, Everhardt, DB 2023, S. 2354, 2358 f.

101 Schröder/Schulz, Praxisleitfaden Supply Chain Compliance, S. 4 f. Rn. 9; für eine Nutzung der Synergien von LkSG und EUDR und eine Verbindung des Management Systems bei den Compliance Anforderungen auch Herold et al., ZRFC, S. 7, 9.

reich der Nachhaltigkeitsabteilung eines Unternehmens anzugliedern. Hierfür gäbe es verschiedene Pro- und Contra-Argumente.

So spräche für eine Ansiedlung der Lieferketten-Compliance im Unternehmensbereich des Nachhaltigkeitsmanagements die dort vorhandene inhaltliche Fachkompetenz bezüglich der Nachhaltigkeitsfragen (was auch die Frage der Menschenrechte einschließt)[102]. Diese Abteilung wird beziehungsweise ist stellenweise bereits ohnehin für die Lieferketten-Compliance mit Berichtspflichten (nicht finanzieller Natur) beauftragt und muss im Rahmen dessen die gegenständlichen Themenfelder bearbeiten – es könnten demnach Synergien erzeugt und genutzt werden.[103]

Gegen ein Herauslösen der Lieferketten-Compliance aus dem Bereich Compliance und der Ansiedelung in der Abteilung für Nachhaltigkeitsmanagement sprechen wiederum das vorhandene allgemeine Compliance-Know-How sowie vorhandene Erfahrungen und Ressourcen der Compliance-Abteilung bezüglich des Managements der Compliance allgemein. Beispielsweise der Umgang mit Behörden, die Einschätzung von Risiken und weitere Faktoren gehören zum „täglich Brot" eines Compliance-Officers. Ein Abspalten der Lieferketten-Compliance würde einen Aufbau von Parallelkompetenzen bedeuten. Weiterhin dürfte auch der fehlende „Blick aufs große Ganze" gegen eine Abspaltung der Lieferketten-Compliance sprechen.[104]

Es gilt somit, eine Bestandsaufnahme in personeller Hinsicht, aber auch in Hinsicht der bereits im Unternehmen implementierten Systeme vorzunehmen und sodann eine Entscheidung bezüglich der Art und Weise der Einführung der EUDR und eines Lieferketten-Compliance Management Systems zu treffen. Hier gilt es, auf den Einzelfall abzustellen, eine pauschale Empfehlung vorzugeben fällt schwer.

Speziell in Bezug auf die EUDR kann die Einführung in dem und die Anwendung durch das Unternehmen beispielsweise auf Basis des nachfolgenden sechsstufigen Vorgehens geschehen:

---

102 Siehe hierzu „Die drei Säulen der Nachhaltigkeit" in der Einleitung.

103 Kretschmer/Apetz-Dreier, ZUJ 1/2023, S. 23, 25; auf die Wichtigkeit der Nutzung von Synergien hinweisend: Friedrich/Zimmermann, ESGZ 2024, S. 28, 30f; ebenso Hörnig, CB 4/2024, S. 119, 123.

104 Kretschmer/Apetz-Dreier, ZUJ 1/2023, S. 23, 25; so im Ergebnis auch Everhardt, DB 2023, S. 2354, 2358; ebenso Brauer/Busker, CB 2022, S. 472, 475.

1. Prüfung des Status Quo unter Einbeziehung aller Stakeholder.
2. Konzeption eines Managementsystems oder Anschluss an ein bestehendes CMS.
3. Erhebung und Verarbeitung von strukturierten Daten über relevante Rohstoffe und Erzeugnisse, die das Unternehmen einführt, ankauft oder verkauft.
4. Eine Bewertung des Risikos auf Basis der im vorherigen Schritt erhobenen und verarbeiteten Daten.
5. Eine Minderung des Risikos durch Ergreifen von geeigneten Maßnahmen.
6. Die regelmäßige Anfertigung von Berichten zur Erfüllung etwaiger Berichterstattungspflichten.[105]

Eine Erleichterung bei Punkt 4., der Bewertung der Risiken, kann herbeigeführt werden, indem bereits vorhandene Audit-Ergebnisse von Bestandskunden, beispielsweise aus der Datenschutz- oder IT-Compliance-Prüfung, bei der Bewertung von Lieferkettenrisiken vor Neuabschlüssen mit Lieferanten mit einbezogen werden.[106]

Ganz konkrete Anforderungen an das (Lieferketten-)Compliance Management System ergeben sich aus den Art. 11 und 12 EUDR. Hierzu gehört beispielsweise die jährliche Überprüfung der Sorgfaltsregelungen, Art. 12 Abs. 2 EUDR oder die Aufbewahrungspflicht gemäß Abs. 5 EUDR, die neben den Verpflichtungen gemäß Art. 8 EUDR für das CMS relevant sind.[107] Das CMS muss somit auf in der EUDR formulierte Anforderungen angepasst werden, um den geforderten Standards zu genügen.

Es ist anzunehmen, dass eine Umsetzung, wie voran dargestellt, der Forderung nach einem „*systematischen Ansatz [...] um sicherzustellen, dass die relevanten Erzeugnisse, die sie [die Marktteilnehmer] in*

105 Anlehnend an Herold et al., ZRFC, S. 7, 11; zu den Punkten 3–6 siehe Kapitel 2.3.3.

106 Siehe hierzu Brauer/Busker, CB 2022, S. 472, 475.

107 Hierauf hinweisend, Passas/Holtz, DB 2023, M14, M15; im Detail, siehe Kapitel 2.3.3.

Verkehr bringen wollen, den Entwaldungs- und Legalitätsanforderungen dieser Verordnung entsprechen."[108] genügen wird.

Es lässt sich somit festhalten, dass die Entscheidung, ob ein Unternehmen, das über relevante Lieferbeziehungen verfügt, sich mit Lieferketten-Compliance auseinandersetzen muss, nicht zur Debatte steht.[109]

Klar ist auch, dass die EUDR nicht allein den Bereich Compliance betrifft, sondern vor allem das Top-Management, aber auch Einkauf, Vertrieb, falls vorhanden das Supply-Chain Management, sowie Rechtsabteilung und IT eingebunden werden müssen.[110] Initiator für die Umsetzung neuer gesetzlicher Anforderungen muss dabei aber die Geschäftsführung sein,[111] die aufgrund der sog. Legalitätspflicht zur Einhaltung von intern, aber auch extern verbindlichen Vorgaben verpflichtet ist.[112]

Die Frage, wie Themen der Lieferketten-Compliance in vorhandene Compliance Management Prozesse inkludiert werden oder wie anderweitig Schnittstellen geschaffen und ein ausreichender Austausch zwischen den für die Compliance relevanten Akteuren stattfinden kann, gilt es intensiv zu prüfen und vor dem Hintergrund der schnell voranschreitenden Entwicklung des Rechtsgebietes zeitnah und innerhalb geltender gesetzlicher Umsetzungsfristen anzuwenden.

In der Literatur wird hierbei die Verwendung von verschiedenen Softwarelösungen empfohlen, einerseits als Unterstützung bei der Kollaboration der Vielzahl der mit der Lieferketten-Compliance beschäftigten Personen, andererseits aber auch bei der Bewertung und Priorisierung von Risiken.[113]

---

108 ErwG. 49 EUDR.

109 Im Ergebnis auch Harings/Hörnig, AW-Praxis 2023, S. 435, 438; auch Lippert, Zoll-Profi 2023, S. 8, 10.

110 Siehe Herold et al., ZRFC, S. 7, 11.

111 Brauer/Busker, CB 2022, S. 472, 472.

112 MüKo GmbHG/Fleischer, § 43 GmbHG, Rn. 21; bezugnehmend auf BGH Urt. vom 10.07.2021, Az. VI ZR 341/10, BGHZ 194, 26 Rn. 22.

113 Brauer/Busker, CB 2022, S. 472, 475; Hörnig, CB 4/2024, S. 119, 123; Coudenhove-Kalergi/Merle gehen in IRZ 2024, S. 167, 170 so weit, dass sie davon ausgehen, dass die Anforderungen nur mit Hilfe von Software und automatisierten Prozessen bewältigt werden können.

Klarzustellen ist zudem, dass die Einführung der EUDR ins Unternehmen beziehungsweise der Ausbau des CMS vor dem Hintergrund der Lieferketten-Verpflichtungen mit Kosten und Aufwand für Unternehmen verbunden ist. Diese Anstrengungen können aber, sofern sie erfolgreich angewendet werden, zur Steigerung von Resilienz und Wirtschaftlichkeit des Unternehmens beitragen, weshalb die neuen Regelungen auch als Chance betrachtet werden sollten.[114]

Hinzu kommt, dass ein funktionierendes CMS ein Qualitätsmerkmal eines Unternehmens ist und Grundlage für eine funktionierende Corporate Governance darstellt.[115]

Gerade in Zeiten, in denen das nachhaltige Auftreten von Unternehmen durch die Erwartungshaltung von Stakeholdern an Wichtigkeit gewinnt, in denen gesetzliche, aber auch kommunikative Anforderungen an die Berichterstattung über Nachhaltigkeitsthemen umfangreicher werden, bieten sich durch ein funktionierendes CMS und eine gute Lieferketten-Compliance auch aus Gesichtspunkten der Unternehmenskommunikation (Marketingfunktion der Compliance) interessante Chancen.[116]

Beispielsweise mit dem Lieferkettensorgfaltspflichtengesetz hat der nationale Gesetzgeber deutschen Unternehmen weitreichende Verpflichtungen hinsichtlich der Einhaltung von Menschenrechten (und im Ansatz auch Fragen des Umweltschutzes) auferlegt. Auf europäischer Ebene ist zum Zeitpunkt des Verfassens des vorliegenden Werkes ein (umstrittenes) europäisches Äquivalent beschlossen worden, die sog. Corporate Sustainability Due Diligence Directive (kurz: CS3D) ((EU) 2019/1937).[117]

---

114 Herold et al., ZRFC 2024, S. 7, 10; so auch Friedrich/Zimmermann, ESGZ 2024, S. 28, 30.

115 Schröder/Schulz, Praxisleitfaden Supply Chain Management, S. 145, Rn. 499.

116 Auf die Chance, sich strategisch zu positionieren hinweisend, Jüttner/Marx, comply, S. 54, 55.

117 Am 15.03.2024 konnte, nach langen Verhandlungen, eine inhaltliche Einigung zu dieser gesetzlichen Regelung zwischen den Mitgliedstaaten gefunden werden, Tagesschau, v. 15.03.2024, abrufbar unter: https://www.tagesschau.de/ausland/europa/eu-lieferkettengesetz-einigung-100.html, zuletzt abgerufen am 28.04.2024, die sodann am 24.04.2024 auch Zustimmung des EU-Parlamentes erhalten hat, Tagesschau, v. 24.04.2024, https://www.tagesschau.de/

Diese Themen werden medial intensiv aufgearbeitet, was dazu führt, dass neben den rechtlichen Auswirkungen auch Imageschäden durch Menschenrechtsverletzungen oder umweltschädliches Verhalten von Unternehmen (in der unmittelbaren Unternehmenssphäre oder in deren Lieferketten) entstehen können.

Ein aktuelles Beispiel bietet die Berichterstattung über das Unternehmen BASF, das aus Menschenrechtsbedenken seinen Rückzug aus der Region Xinjiang bekannt gegeben hat und die damit einhergehende Forderung der Politik gegenüber der Volkswagen AG, dies ebenfalls zu tun.[118] Solche gesellschaftlich relevanten Themen können, insbesondere über soziale Netzwerke und die Medien, schnell an Reichweite und somit an Einfluss gewinnen. Entsprechende Meldungen haben negativen Einfluss auf Geschäftsbeziehungen zu Kunden, Lieferanten und weiteren Stakeholdern, etwa Mitarbeitende.[119]

Positive Meldungen hingegen, etwa ein vorbildlich umgesetztes CMS oder eine vorbildlich etablierte Lieferketten-Compliance, transparente Nachhaltigkeitsberichterstattung und ähnliche Faktoren, wirken sich förderlich auf das Unternehmen aus – die Marketingfunktion von Compliance entfaltet hierdurch ihre Wirkung.[120]

Ferner anzumerken ist, dass die Gefahr oder der Anreiz, Greenwashing zu betreiben, sehr viel geringer sein dürfte, wenn „echte", die Lieferkette betreffende, nachhaltige Informationen vorliegen und kommuniziert werden können. So bringt *Platschke* auf den Punkt, was es mit einem funktionierendem CMS, inklusive einer realistischen Be-

---

ausland/europa/lieferkettengesetz-beschlossen-100.html zuletzt abgerufen am 28.04.2024.

118 Mik, Zwangsarbeit in China: Politiker fordern Volkswagen zu Rückzug aus Xinjiang auf, Der Spiegel, v. 12.02.2024, https://www.spiegel.de/wirtschaft/zwangsarbeit-in-china-politiker-fordern-volkswagen-zu-rueckzug-aus-xinjiang-auf-a-ed695b35-a78f-4939-ae3d-0be14afc7cdd, zuletzt abgerufen am 28.04.2024.

119 Wulf et al., KoR 2022, S. 396, 396; Herold et al., ZRFC 2024, S. 7, 9.

120 So auch feststellend: Herzig/Pianowski, in Baumast/Pape (Hrsg.), Betriebliches Nachhaltigkeitsmanagement, S. 280; als Paradebeispiel kann hier der deutsche Hersteller von Outdoorbekleidung Vaude benannt werden, der in diesem Zusammenhang immer wieder positiv auffällt: https://nachhaltigkeitsbericht.vaude.com/, zuletzt abgerufen am 28.04.2024.

trachtung der Lieferkette und einer damit einhergehenden Nachhaltigkeitsberichterstattung, zu erreichen gilt:

> *„Was wir dringend brauchen, ist mehr Realität. Mehr Tun, weniger Reden. Mehr Beweise, weniger Behauptungen.“*[121]

Neben zuvor angeführten Aspekten und Besonderheiten der Lieferketten-Compliance gibt es einen weiteren Faktor, der diesen Bereich der Compliance von anderen abhebt. Gemeint ist die Komplexität des Feldes, für das die Compliance-Abteilung und das Compliance Management System Verantwortung tragen müssen. Die Komplexität spielt an dieser Stelle, neben der Vielzahl an anzuwendenden Regelungen, insbesondere auf die Vielzahl der involvierten Akteure an. Zu diesen gehören einerseits die verschiedenen Unternehmen in der vor- und nachgelagerten Lieferkette, die „gemanagt“ werden müssen, aber auch die unterschiedlichen zuständigen Behörden. Für das LkSG ist beispielsweise das Bundesamt für Wirtschaft und Ausfuhrkontrolle zuständig, für die EUDR die Bundesanstalt für Landwirtschaft und Ernährung[122], für die EU-Konfliktmineralien-Verordnung ist es wiederum die Bundesanstalt für Geowissenschaften und Rohstoffe, …[123]

Eine interessante, wenn vielleicht auch leicht provokative Einordnung zum Faktor der Komplexität in der Lieferkette nimmt *Beer* vor. Er vertritt, dass das derzeitige Verständnis von Supply-Chain Management auf gänzlich falschen Annahmen beruht. So stellt er dar, dass der Begriff der Chain oder Kette unpassend ist. Vielmehr handle es sich bei den Beziehungen zwischen Unternehmen und ihren Lieferanten und Abnehmern um komplexe Geflechte, die eher einem Kettenhemd als einer Kette nahekommen. Weiterhin führt er an, dass auch das Wort Management im Kontext des Lieferkettenmanagements falsch sei, denn aufgrund der Komplexität – im Sinne der Anzahl und der Tiefe der beteiligten Glieder der Kette – sei ein Management der ganzen

121 Platschke, Das Anti-Greenwashing-Buch, S. 24.
122 Details hierzu in Kapitel 2.4.1.
123 Hierauf hinweisend, Falker, EU-Kommission auf dem Holzweg, Lebensmittel-Zeitung v. 08.03.2024, S. 2.

Kette schier nicht möglich, vielmehr bestünde maximal die Möglichkeit, die erste Ebene an Lieferanten und Abnehmer „zu managen".[124]

In eine ähnliche Richtung argumentiert *Nowakowski*, die klarstellt, dass eine der größten Herausforderungen bei der Umsetzung von Compliance-Vorgaben die Transparenz in der Lieferkette ist und es aufgrund der Komplexität und des Verzweigtseins schwerfalle, alle notwendigen Informationen zu erhalten, die für eine Abschätzung von Folgen und Risiken eigentlich notwendig wären.[125]

Interessanterweise setzt die EUDR nun genau an dieser Stelle an. Mit den geforderten Informationspflichten über oftmals mehrere „Kettenglieder" hinweg, werden neue Maßstäbe an die Transparenz gesetzt, die für Unternehmen in mehrerlei Hinsicht durchaus herausfordernd sein werden.[126] Ob durch die EUDR, zumindest in den betroffenen Branchen, allgemein mehr verlässliche Transparenz geschaffen werden kann, wird sich zeigen. Weniger komplex werden die „Ketten oder Kettenhemden" dadurch aber sicherlich nicht. Die entsprechenden Regelungen der EUDR werden nachfolgend im Detail betrachtet.

2.2.3. Die Rechtslage vor der EU-Entwaldungsverordnung

Zur besseren Einordnung der Regelungen der EUDR, soll davor zunächst die Rechtslage vor Geltungsbeginn der EUDR dargestellt werden, um die Entwicklung in diesem Bereich nachvollziehbar zu machen.

Wie eingangs dargestellt, ist die EUDR am 29. Juni 2023 in Kraft getreten. Für die wohl relevantesten, nämlich großen, in den Anwendungsbereich der Verordnung fallenden Unternehmen, gelten die Regelungen ab dem 30. Dezember 2024, für kleine Unternehmen erst ab 30. Juni 2025, Art. 38 EUDR.

---

124 Beer, LogR 2023, S. 96, 96 f.; Thielen, AW Prax 2023, S. 487, 488 spricht stattdessen von Wertketten- statt Lieferkettennetzwerken, meint in Bezug auf die Komplexität dieser das gleiche.

125 Nowakowski, in Andrejewski/Krause/v. Hesberg (Hrsg.), Praxishandbuch ESG, S. 474 Rn. 56 f; so auch Friedrich/Zimmermann, ESGZ, S. 28, 29.

126 Siehe hierzu Kapitel 2.3.3.1.

Zum 30. Dezember 2024 ersetzt die EUDR sodann die bis dahin bestehende EU-Holzhandels-Verordnung (EUTR) (EU 995/2010), Art. 37 Abs. 1 EUDR, die im Jahr 2013 in Kraft getreten ist.

Diese Verordnung hatte das illegale Abholzen von Wald und den Handel mit entsprechenden Hölzern (und Holzprodukten) zum Gegenstand. Der Anwendungsbereich der EUDR umfasst dies ebenfalls, geht jedoch, einerseits bezüglich der behandelten Rohstoffe, andererseits bezüglich der Tragweite der enthaltenen Anforderungen, spürbar darüber hinaus.[127]

Ergänzt wurde die EUTR durch das dazugehörige nationale Durchführungsgesetz, das Holzhandels-Sicherungs-Gesetz (HolzSiG).

Im Rahmen von Verordnung und HolzSiG galt beziehungsweise gilt bis Ende 2024, dass Marktteilnehmer und Händler einem dreistufigen System an Sorgfaltspflichten unterliegen. Danach müssen holzspezifische Informationen beschafft und ausgewertet werden, im Falle eines nicht vernachlässigbaren Risikos gilt es sodann, Risikominderungsmaßnahmen vorzunehmen.[128]

Wie sich weiter unten zeigen wird, ist das Vorgehen unter der EUTR zunächst vergleichbar mit den Anforderungen, die sich aus der EUDR ergeben. Marktteilnehmer und Händler müssen konkrete Informationen zum Ursprungsland, dem Lieferanten des Holzes etc. einholen, Art. 5 f. EUTR. Aber auch an dieser Stelle geht die EUDR sodann über die bisherigen Anforderungen hinaus: Stichwort Erhebung von Geodaten.[129]

Zuständige deutsche Behörde für die Kontrolle der Einhaltung der EUTR und des HolzSiG ist gemäß § 1 Abs. 2 HolzSiG die Bundesanstalt für Landwirtschaft und Ernährung (BLE). Sie kann verdachtsabhängige wie auch verdachtsunabhängige Untersuchungen durchführen, darüber hinaus Bußgelder verhängen, aber auch Beschlagnahmungen und Vernichtungen von Holz vornehmen, sofern Verstöße – etwa bezüglich einer gültigen Importgenehmigung – gegen die EUTR erkannt werden.[130]

---

127 Passas/Holtz, DB 2023, M14, M14.
128 Wittbrodt, InTeR 2022, S. 20, 20 ff.
129 Details hierzu siehe Kapitel 2.3.3.1.
130 Wittbrodt, InTeR 2022, S. 20, 21.

Neben der EUTR schuf die EU, folgend auf ihren Aktionsplan „Forest Law Enforcement, Governance and Trade“ (kurz FLEGT)[131], die sog. FLEGT-VO ((EG) Nr. 2173/2005), die einen Rahmen für den Import von Holz bildete und Grundlage für eine engere Zusammenarbeit mit holzerzeugenden Ländern darstellen soll. So regelt die Verordnung ein Genehmigungssystem, das auf Partnerschaftsabkommen mit holzerzeugenden Ländern beruht, Art. 3 FLEGT-VO.

Allerdings ist es bis ins Jahr 2021 nur zu wenigen Abschlüssen entsprechender Partnerschaftsabkommen gekommen. Hinzu kommt, dass die Europäische Kommission ihrerseits erkannt hat, dass das Thema Entwaldung mit den bisherigen Regelungen nicht beziehungsweise nicht ausreichend adressiert wird, dort vielmehr die grundsätzliche Rechtmäßigkeit des Holzerzeugnisses im Vordergrund steht.[132]

Wenn die nationalen gesetzlichen Regelungen zum Thema Wald- und Umweltschutz aber kaum vorhanden sind oder sogar aufgeweicht werden, um als Exportland bestimmter Produkte attraktiver zu werden, beschleunigt dies die Entwaldung nur weiter, weshalb eine konsequentere Regulierung[133] notwendig war.[134]

Vor diesem Hintergrund ersetzt die EUDR die EUTR (mit Ausnahme der Sonderregelungen bis zum 31. Dezember 2027 gemäß Art. 37 Abs. 2 der EUDR) durch eine weitergehende gesetzliche Regelung, die zusätzlich das Thema Entwaldung und damit einhergehend weitere relevante Rohstoffe und Erzeugnisse in den Fokus nimmt.[135]

Die FLEGT-VO und das HolzSiG behalten weiterhin Bestand, wenn auch zu erwarten ist, dass einige der Regelungen des HolzSiG durch den Wegfall der EUTR gestrichen werden, ggf. dafür neue Regelungen bezüglich der EUDR aufgenommen werden könnten.

131 Vgl. EU-Kommission, Vorschlag für einen EU-Aktionsplan, 21.05.2003, KOM (2003), 251.
132 Europäische Kommission, Eignungsprüfung der VO (EU) 995/2010 und der VO (EG) 2173/2005, SWD (2021), 329; so auch ErwG. 32 der EUDR.
133 Im konkreten Fall wird dies durch das Tatbestandsmerkmal „entwaldungsfrei“ umgesetzt, siehe Kapitel 2.1.2.
134 Martin/Madesja, ZfPC 5/2023, S. 202, 202.
135 So auch Graetschel/Eschweiler/Freese, KlimR 2023, S. 205, 206 f.

2.3. Die Anforderungen der EU-Entwaldungsverordnung

In Kapitel 2.1 wurden bereits die Ziele der Verordnung aufgezeigt und wichtige Begrifflichkeiten definiert. Ferner wurde die EUDR in den Kontext verschiedener Regelungs-Konstrukte gesetzt und in das Gefüge der rechtlichen Regelungen vor Inkrafttreten der Verordnung eingeordnet.

Nachfolgend gilt es, die konkreten Anforderungen der Verordnung darzustellen, um ein Verständnis für diese zu entwickeln und hierdurch die Einhaltung der rechtlichen Anforderungen im Unternehmen umsetzen zu können.

2.3.1. Das Verbot gemäß Art. 3 EUDR

Art. 3 der Verordnung stellt eine grundsätzliche Verbotsnorm dar, die mit Wirkung zum 30. Dezember 2024 regelt, dass nur solche relevanten Rohstoffe und Erzeugnisse in der EU in Verkehr gebracht, aus dieser ausgeführt oder auf dem Markt angeboten werden dürfen:

1. die entwaldungsfrei sind,
2. deren Erzeugung in Übereinstimmung mit den im Erzeugerland geltenden Vorschriften stattgefunden hat und
3. die über eine Sorgfaltserklärung im Sinne der EUDR verfügen.

Voranstehende Anforderungen, sind kumulativ zu betrachten, d. h. ohne Sicherstellung der Entwaldungsfreiheit kein Inverkehrbringen, Export oder Anbieten auf dem Markt. Bei Verstoß gegen nationale Regelungen im Land, in dem das Produkt erzeugt wurde, ist ein Inverkehrbringen und ein Anbieten auf dem Europäischen Markt untersagt. Gleiches gilt, wenn keine Abgabe einer Sorgfaltserklärung erfolgte. In diesen Fällen kann der Rohstoff oder das Erzeugnis nicht legal in den Verkehr gebracht werden. Nachfolgend werden diese drei Anforderungen genauer erläutert.

2.3.1.1. Entwaldungsfrei

Bezüglich der Entwaldungsfreiheit der relevanten Rohstoffe und Erzeugnisse gemäß Art. 3 a) EUDR wird auf die Ausführungen zur Entwaldung in Kapitel 2.1.2. verwiesen.

Ergänzt werden soll hier lediglich der Hinweis, dass der relevante Zeitpunkt zur Beurteilung der Entwaldungsfreiheit der 31. Dezember 2020 ist, Art. 2 Nr. 13 EUDR. Es gilt, demnach zu prüfen, ob seit dem 31. Dezember 2020 eine Entwaldung auf den Flächen, von denen die Rohstoffe der Produkte stammen, die seit Inkrafttreten der Verordnung hergestellt wurden, stattgefunden hat beziehungsweise, ob es zu einer Waldschädigung seit diesem Zeitpunkt kam.

Ist dies der Fall, ist das betroffene Produkt (das aus zeitlichen Gesichtspunkten in den Anwendungsbereich der EUDR fällt) nicht entwaldungsfrei und somit unzulässig. An dieser Stelle der Verordnung ist bemerkenswerterweise eine Rückwirkung dieser festzustellen.[136]

Diese begründet der europäische Gesetzgeber darauf, dass auf Basis der internationalen Verpflichtungen der SDGs und der New Yorker Erklärung über Wälder, bis 2020 die voranschreitende Entwaldung einzustellen und dieser aktiv entgegenzuwirken, der gleiche Zeitraum angesetzt wurde. Auch gehe das Datum einher mit diversen Ankündigungen der EU-Kommission, etwa zum EU-Green-Deal, zur EU-Biodiversitätsstrategie und zur „Intensivierung der EU-Maßnahmen zum Schutz und zur Wiederherstellung der Wälder in der Welt.“[137]

2.3.1.2. Übereinstimmung mit nationalen Vorschriften des Erzeugerlandes

Weiterhin muss die Erzeugung der relevanten Rohstoffe und Erzeugnisse gemäß Art. 3 b) EUDR in Einklang mit den nationalen Vorschriften des Erzeugerlandes stattgefunden haben. Unter Erzeugerland ist gemäß Art. 2 Nr. 24 EUDR das Land oder das Gebiet zu verstehen, in dem der oder die relevanten Rohstoffe erzeugt wurden. Unter den Begriff des Erzeugens fällt nach Art. 2 Nr. 14 EUDR der Anbau und

136 Everhardt, DB 2023, S. 2354, 2356.
137 Vgl. ErwG. 46 EUDR.

die Ernte von Rohstoffen, aber auch die Aufzucht von unter die EUDR fallenden Tieren.

Art. 2 Nr. 40 EUDR fasst hierunter folgende nationale Regelungen, die beim Inverkehrbringen in die EU, der Bereitstellung auf dem Markt oder beim Export aus dieser beachtet werden müssen, unter nachfolgenden Kategorien zusammen:

- Rechte zur Nutzung von Land;
- Rechte in Bezug auf den Umweltschutz;
- Vorschriften mit Forstbezug;
- Arbeitnehmerrechte;
- Menschenrechte;
- Rechte indigener Völker;
- Steuerrechte, Rechte gegen die Bekämpfung von Korruption sowie Handels- und Zollvorschriften;
- Sonstige entgegenstehende Rechte Dritter.

Die Breite der hier aufgeführten gesetzlichen Regelungen verdeutlicht an dieser Stelle der Verordnung erneut, dass das Ziel der EUDR nicht nur der Umweltschutz, sondern auch – wie eingangs angeführt –[138] der Schutz von Menschenrechten, insbesondere der Schutz indigener Völker ist.[139]

Dies wirft zugleich das Problem auf, dass Marktteilnehmer, die prüfen müssen, ob in der EU in Verkehr gebrachte oder auf dem Markt bereitgestellte Produkte den gesetzlichen Regelungen des Erzeugerlandes entsprechen, vor der Aufgabe stehen, eine Vielzahl an speziellen nationalen Regelungen zu kennen und zu prüfen. In einigen Fällen dürfte hier die Beauftragung eines in den jeweiligen Ländern zugelassenen Rechtsanwaltes oder aber eines Unternehmens, das im Rahmen von Zertifizierungen die Einhaltung der nationalen Regelungen belegt, notwendig sein.[140]

Daneben kann die Rechtmäßigkeit gemäß Art. 10 Abs. 3 EUDR angenommen werden, wenn Holz als Rohstoff oder als Erzeugnis gemäß

138 Vgl. Kapitel 2.1.5.

139 So auch Everhardt, DB 2023, S. 2354, 2357.

140 Martin/Madejska, ZfPC 5/2023, S. 202, 203; so auch Falker, EU droht 2025 Kaffeemangel, LebensmittelZeitung v. 08.03.2024, S. 22.

einer Genehmigung nach der FLEGT-VO[141] gehandelt wird. Die Anforderungen gemäß Art. 3 a) und c) bleiben davon jedoch unberührt.[142]

2.3.1.3. Sorgfaltserklärung

Dritte Voraussetzung, um nicht unter die Verbotsnorm des Art. 3 EUDR zu fallen, ist die Abgabe einer Sorgfaltserklärung durch das Unternehmen, das relevante Erzeugnisse in Verkehr bringt, am Markt anbietet oder ausführt, Art. 4 Abs. 2 EUDR.

Diese Erklärung muss der zuständigen Behörde vor dem Inverkehrbringen oder der Ausfuhr, somit nach der Durchführung der Sorgfaltsprüfung i. S. d. Art. 8 EUDR, übermittelt werden. Hierzu dient ein eigens zu diesem Zweck geschaffenes Informationssystem,[143] das die Europäische Kommission bis zum 30. Dezember 2024 errichten und unterhalten will, Art. 33 EUDR.

Mit der Übermittlung erhält das Unternehmen sodann eine Referenznummer für die eingereichte Sorgfaltserklärung, auf die es sich in der Kommunikation mit der zuständigen Behörde, aber auch bei der Weiterreichung von Informationen entlang der Lieferkette, beziehen kann.[144]

Mit Übersendung der Erklärung übernimmt der übersendende Marktteilnehmer gemäß Art. 4 Abs. 3 EUDR die Verantwortung dafür, dass die von ihm in Verkehr gebrachten oder ausgeführten Rohstoffe oder Erzeugnisse in Einklang mit Art. 3 EUDR stehen, somit nicht dem Verbotstatbestand unterfallen.

Eine Anleitung, die im Detail auflistet, was eine solche Erklärung enthalten muss, findet sich in Anlage 2 der EUDR.[145] Verkürzt dargestellt, muss die Erklärung demnach sechs Punkte enthalten:

141 Siehe hierzu Kapitel 2.2.3.

142 Hierauf hinweisend, Graetschel/Eschweiler/Freese, KlimR 2023, S. 205, 208, auch Ruttloff/Wagner/Hahn, CB 3/2022, S. 64, 66.

143 Siehe zum Informationssystem, Kapitel 2.4.4.

144 Martin/Madejska, ZfPC 5/2023, S. 202, 206.

145 Das Muster findet sich auch in Anlage 2 dieses Praxisleitfadens.

1. Name und Anschrift des Marktteilnehmers, im Falle eines Im- oder Exports zudem die Registrierungs- und Identifizierungsnummer von weiteren Beteiligten innerhalb der Lieferkette.
2. Eine Beschreibung des Produktes, die Menge und weitere Details zum Produkt.
3. Das Erzeugerland und eine genaue Geolokalisierung[146] derjenigen Flächen, auf denen die relevanten Rohstoffe erzeugt wurden.
4. Im Falle der Bezugnahme auf eine bereits bestehende Sorgfaltserklärung die Referenznummer dieser.
5. Eine Erklärung, die nachfolgenden Wortlaut enthält.

   „Durch Übermittlung dieser Sorgfaltserklärung bestätigt der Marktteilnehmer, dass er die Sorgfaltspflicht gemäß der Verordnung (EU) 2023/1115 durchgeführt erfüllt hat,[147] *und dass kein oder lediglich ein vernachlässigbares Risiko dahingehend festgestellt wurde, dass die relevanten Erzeugnisse gegen Artikel 3 Buchstaben a oder b dieser Verordnung verstoßen.“*
6. Eine Unterschrift des Erklärenden.

Die Übermittlung dieser Erklärung gilt für Marktteilnehmer gemäß Art. 4 sowie für Händler gemäß Art. 5 EUDR,[148] die nicht unter den Ausnahmetatbestand der KMU-Händler, der kleinen oder Kleinstunternehmen fallen.[149]

Weitere Details zur Sorgfaltspflicht und zur Einreichung der hier angeführten Sorgfaltserklärung finden sich im Kapitel 2.3.3. samt Unterkapiteln zu den konkreten Verpflichtungen.

2.3.2. Eröffnung des persönlichen Anwendungsbereichs

Um in den Anwendungsbereich der EUDR zu fallen, die in allen EU-Mitgliedstaaten unmittelbar Anwendung findet, muss auch der persönliche Anwendungsbereich eröffnet sein.

146 Siehe hierzu Kapitel 2.3.3.1.
147 Anmerkung: Hierbei handelt es sich um einen Fehler im Verordnungstext. Entweder müsste es „durchgeführt“ oder aber „erfüllt“ lauten.
148 Zur Abgrenzung von Marktteilnehmer und Händler, siehe Kapitel 2.3.2.
149 Siehe hierzu Kapitel 2.3.3.5.

Dies ist der Fall, wenn eine natürliche Person oder ein Unternehmen Marktteilnehmer im Sinne des Art. 4 EUDR oder aber Händler im Sinne des Art. 5 EUDR ist.[150]

Marktteilnehmer wird gemäß Art. 2 Nr. 15 definiert als *„jede natürliche oder juristische Person, die im Rahmen einer gewerblichen Tätigkeit relevante Erzeugnisse in Verkehr bringt oder ausführt."* Wird ein relevantes Erzeugnis durch eine Person in Verkehr gebracht, die keinen Sitz in der EU hat, so ist gemäß Art. 7 Abs. 1 EUDR derjenige innerhalb der Lieferkette als Marktteilnehmer zu bewerten, der einen Sitz in der EU hat und das Produkt erstmals auf den Markt bringt.

Unter diese Definition fallen nach Schätzungen der Bundesanstalt für Landwirtschaft und Ernährung (BLE) rund 370.000 Unternehmen in Europa.[151]

Händler ist gemäß Art. 2 Nr. 17 *„jede Person in der Lieferkette mit Ausnahme des Marktteilnehmers, die im Rahmen einer gewerblichen Tätigkeit relevante Erzeugnisse auf dem Markt bereitstellt"*.

Bereitstellen meint in diesem Kontext *„jede entgeltliche oder unentgeltliche Abgabe eines relevanten Erzeugnisses zum Vertrieb, Verbrauch oder zur Verwendung auf dem Unionsmarkt im Rahmen einer gewerblichen Tätigkeit",* Art. 2 Nr. 18 EUDR.

In Abgrenzung zum Inverkehrbringen, das nach der Definition aus Art. 2 Nr. 16 EUDR die erstmalige Bereitstellung auf dem Markt meint, soll im Rahmen der EUDR tatsächlich jede – im Rahmen einer gewerblichen Tätigkeit vorgenommene – Bereitstellung auf dem Markt eine relevante Handlung darstellen, was den Anwendungsbereich bezüglich der adressierten Händler sehr stark vergrößert.

Gemäß Erwägungsgrund 30 ist es für die Beurteilung, ob eine Bereitstellung auf dem Markt vorliegt, obsolet, ob relevante Rohstoffe oder Erzeugnisse in physischer Art und Weise vor Ort angeboten werden oder ob deren Kauf über das Internet erfolgt. Dies dürfte den Anwen-

150 Der einfachen Lesbarkeit halber wird nachfolgend von „Unternehmen" gesprochen, sofern eine Differenzierung zwischen natürlicher Person oder juristischer Person nicht notwendig ist.

151 Siehe Präsentation BLE, v. 06.09.2023, https://www.bmel.de/SharedDocs/Downloads/DE/_Wald/praesentation-ble-09-23.pdf?__blob=publicationFile&v=3, zuletzt abgerufen am 28.04.2024.

dungsbereich in der Praxis spürbar vergrößern und räumt Ungewissheiten direkt aus.

Hörnig führt richtigerweise an, dass die Verordnung bzgl. der Bereitstellung einen Widerspruch aufweist.[152] Während Art. 2 Nr. 18 EUDR eine Bereitstellung als jede entgeltliche und unentgeltliche Abgabe im Rahmen einer gewerblichen Tätigkeit definiert, wird die gewerbliche Tätigkeit in Art. 2 Nr. 19 EUDR definiert als eine Nutzung zum Zwecke der Verarbeitung, zum Vertrieb oder zur Verwendung im Unternehmen des Marktteilnehmers oder des Händlers.

Fällt unter das Bereitstellen i. S. d. Nr. 18 somit jede gewerbliche Tätigkeit gemäß der Definition nach Nr. 19, so läge eine Bereitstellung am Markt bereits dann vor, wenn ein relevanter Rohstoff oder ein relevantes Erzeugnis durch den Marktteilnehmer oder Händler gar nicht weiter verbreitet wird, sondern beispielsweise im Rahmen des Produktionsprozesse genutzt wird.[153]

Da die EU-Kommission in ihren FAQ selbst davon ausgeht, dass die Verordnung in den Fällen Anwendung finden soll, in denen relevante Rohrstoffe oder Produkte eine Verbreitung erfahren,[154] dürfte an dieser Stelle (und im Laufe der weiteren Ausführungen) davon auszugehen sein, dass eine interne Nutzung nicht als Bereitstellung im Sinne des Art. 2 Nr. 18 EUDR anzusehen ist.

Überaus wichtig ist, festzustellen, auch für das Verständnis nachfolgender Ausführungen, dass Händler (die keine KMU sind) gemäß Art. 5 Abs. 1 EUDR eine Gleichbehandlung analog zu Marktteilnehmern erfahren, insbesondere bezüglich der Regelungen in Art. 3, 4, 6 sowie Art. 8–13, Art. 16 Abs. 8–11 und Art. 18 EUDR. Grund hierfür ist der erhebliche Einfluss von Händlern auf die Lieferkette, vor allem in Bezug auf die Transparenz und damit einhergehend in Bezug auf die Sicherstellung der Entwaldungsfreiheit.[155] Wird nachfolgend also von Marktteilnehmern gesprochen, meint dies ausdrücklich auch

152 Hörnig, CB 4/2024, S. 119, 121.

153 Hörnig, CB 4/2024, S. 119, 121.

154 FAQ der EU-Kommission zur EUDR, Stand 22. Dezember 2023, Frage 36, abrufbar unter: https://circabc.europa.eu/ui/group/34861680-e799-4d7c-bbad-da83c45da458/library/e126f816-844b-41a9-89ef-cb2a33b6aa56/details, zuletzt abgerufen am 28.04.2024.

155 ErwG. 53 EUDR.

Händler, sofern keine ausdrückliche Differenzierung vorgenommen wird.

Bereits an dieser Stelle ist festzuhalten, dass der persönliche Anwendungsbereich in Bezug auf die Sorgfaltsverpflichtung sehr viel komplexer ist, als hier zunächst vereinfacht dargestellt. So differenziert die Verordnung neben Marktteilnehmern und Händlern weiter in KMU-Marktteilnehmer[156], KMU-Händler[157] sowie Klein- und Kleinst-Marktteilnehmer beziehungsweise -händler[158], mit jeweils unterschiedlichen Verpflichtungen beziehungsweise Erleichterungen. Hierauf soll im Detail, nach der Darstellung der Bestandteile der Sorgfaltspflicht in Kapitel 2.3.3.5., eingegangen werden, um dann nachvollziehbar aufzuzeigen, welche Pflichten in diesen Sonderfällen entfallen. Im Gegenzug ist die Frage nach der Anwendbarkeit der gesetzlichen Regelungen per se nicht abhängig von relativ komplexen Berechnungen von festgelegten Mitarbeiterzahlen des Unternehmens (oder eines Unternehmensverbundes mit im Ausland tätigen Mitarbeitenden), wie etwa nach § 1 Abs. 1 LkSG oder der CS3D.

Allen Marktteilnehmern steht es darüber hinaus gemäß Art. 6 EUDR frei, einen Bevollmächtigten zu ernennen, der Sorgfaltserklärungen im Sinne des Art. 4 Abs. 2 EUDR in deren Namen übersendet. Dieser Bevollmächtigte agiert jedoch nur als Dienstleister für den Marktteilnehmer, was dazu führt, dass die Verantwortung für ein EUDR-konformes Inverkehrbringen oder Bereitstellen i. S. d. Art. 3 EUDR weiterhin bei ihm liegt und er sich somit nicht der persönlichen Anwendung dieser Regelungen entziehen kann. Ob es dennoch Sinn machen kann, die Einreichung „outzusourcen", insbesondere um etwaige manuelle Aufwände[159] im Unternehmen nicht selbst vornehmen zu müssen, gilt es im Einzelfall zu prüfen.

Was die Prüfung der Anwendbarkeit der EUDR auf ein Unternehmen insgesamt angeht, gilt es zusammenfassend folgende Prüfschritte zu beachten:

156 Vgl. Art. 4 Abs. 8 EUDR.
157 Vgl. Art. 5 Abs. 2 EUDR.
158 Vgl. Artikel 6 Abs. 3, Art. 12 Abs. 3, Art. 38 Abs. 3 EUDR, bezugnehmend auf Artikel 3 der RL 2013/34/EU.
159 Siehe hierzu Kapitel 2.5.2.

1. Sachlicher Anwendungsbereich eröffnet?[160]

   Rohstoffspezifische Untersuchung des Produkt- und Dienstleistungsportfolios mit folgenden Schritten:

   a. Zuordnung von Warentarifnummern der relevanten Rohstoffe und Erzeugnisse;
   b. Abgleich der Warentarifnummern mit denen aus Anhang I der EUDR;
   c. Beachtung, dass nur die in der rechten Spalte ausdrücklich aufgelisteten Erzeugnisse relevant sind, es somit auch Produkte geben kann, die einen relevanten Rohstoff enthalten, dennoch nicht in den Anwendungsbereich fallen. Auch ist es möglich, dass relevante Erzeugnisse aufgeführt sind, diese aber nicht aus einem relevanten Rohstoff bestehen und somit auch nicht in den Anwendungsbereich fallen.[161]

2. Persönlicher Anwendungsbereich eröffnet?

   Liegt bezüglich vorgenannter Rohstoffe oder Erzeugnisse

   a. ein Inverkehrbringen in die EU,
   b. ein Bereitstellen am Markt innerhalb der EU oder
   c. eine Ausfuhr aus der EU vor?

2.3.3. Sorgfaltspflicht

Ist der persönliche Anwendungsbereich eröffnet, unterliegt das Unternehmen den Regelungen aus Art. 8 ff. der EUDR.

Art. 8 EUDR verlangt von Marktteilnehmern, dass diese die Sorgfaltspflicht im Sinne der Verordnung erfüllen, bevor sie relevante Erzeugnisse in Verkehr bringen, auf dem Markt bereitstellen oder aber ausführen. Gemäß Abs. 2 umfasst die Sorgfaltspflicht:

> *1. „Die Sammlung von Informationen, Daten und Unterlagen, die erforderlich sind, um die Anforderungen gemäß Artikel 9 [Informationsanforderungen] zu erfüllen;*

---

160 Siehe Kapitel 2.1.1.

161 Vgl. Hörnig, CB 4/2024, S. 119, 120; siehe zudem Kapitel 2.1.1., insbesondere in Bezug auf die Ausführungen zur Angabe „ex".

2. Maßnahmen zur Risikobewertung gemäß Artikel 10;

3. Maßnahmen zur Risikominimierung gemäß Artikel 11.“

Es handelt sich dabei somit um eine auf das konkrete Produkt bezogene Verpflichtung, die vergleichbar ist, mit dem dreistufigen Due-Diligence-System, das bereits in der EU-Holzhandels-Verordnung (EUTR) Anwendung fand.[162]

Unter einem Due-Diligence-System bzw. den darin enthaltenen Due-Diligence-Prozessen können ein oder mehrere Verfahren verstanden werden, die geeignet sind, negative Auswirkungen im Zusammenhang mit der Geschäftstätigkeit des Unternehmens zu erkennen, zu verhindern oder abzuschwächen.[163]

Im konkreten Fall hat die hier dreistufige Prüfung immer dann stattzufinden, wenn der Anwendungsbereich der Verordnung eröffnet ist, nicht aber die Voraussetzungen für eine vereinfachte Sorgfaltspflicht i. S. d. Art. 13 EUDR vorliegen.

Liegen diese vor, muss das Unternehmen „nur“ die Anforderungen gemäß Art. 9 EUDR erfüllen, nämlich die Anforderungen an die Beschaffung und Bereitstellung ausreichender Informationen und Unterlagen[164]. Schritt zwei und drei, die Risikobewertung gemäß Art. 10[165] und die Risikominimierung gemäß Art. 11 EUDR[166], entfallen.

Die Sonderregelung gemäß Art. 13 EUDR findet Anwendung für die Fälle, in denen der Marktteilnehmer sich auf ein geringes Risiko gemäß des sog. Benchmarking-Systems der Europäischen Kommission nach Art. 19 EUDR berufen kann. Dieses System sieht vor, dass mit Geltungsbeginn der Verordnung ein dreistufiges Bewertungssystem[167] eingeführt wird, das Länder oder Teile davon in drei verschiedene Risikokategorien einstuft. Differenziert wird hierbei zwischen Ländern mit hohem Risiko, geringem Risiko und normalem Risiko bezüglich der Wahrscheinlichkeit, dass in diesen Gebieten rele-

162 Wittbrodt, InTeR 2022, S. 20, 22.
163 So bspw. durch die Deutschen Rechnungslegungsstandards (20.11) definiert.
164 Siehe hierzu Kapitel 2.3.3.1.
165 Siehe Kapitel 2.3.3.2.
166 Siehe Kapitel 2.3.3.3.
167 Nicht zu verwechseln mit dem dreistufigen Due-Diligence-System gemäß Art. 9, 10 und 11 EUDR.

vante Rohstoffe abgebaut oder relevante Erzeugnisse produziert werden, die nicht entwaldungsfrei sind, Art. 29 Abs. 1 EUDR.

Das Bewertungsverfahren sah vor, dass am 29. Juni 2023 alle Länder mit dem Status eines mittleren, also normalen Risikos versehen werden. Bis zum 30. Dezember 2024 will die EU-Kommission alle Länder beziehungsweise relevanten Landteile, die entweder ein geringes oder aber ein hohes Risiko aufweisen, in Listenform zusammentragen und veröffentlichen. Diese Liste soll regelmäßig überprüft und aktualisiert werden, Art. 29 Abs. 2 EUDR.

Vorgenannte Einstufung durch die Kommission soll objektiv und wissenschaftlich begründet geschehen. Relevante Kriterien dabei sollen das tatsächliche Ausmaß von Entwaldung und Waldschädigung sein, darüber hinaus das Ausmaß der Erweiterung von landwirtschaftlichen Flächen für den Anbau oder die Aufzucht relevanter Rohstoffe. Ferner sollen Trends bei der Erzeugung von relevanten Rohstoffen und Erzeugnissen eines der Bewertungskriterien darstellen, Art. 29 Abs. 3 EUDR. Darüber hinaus gelten weitere Kriterien gemäß Art. 29 Abs. 4 EUDR.

Kann ein Marktteilnehmer sich nun darauf berufen, dass alle betroffenen Rohstoffe und Erzeugnisse aus Ländern oder Regionen stammen, die der Kategorie 1 (geringes Risiko) zuzuordnen sind und kann er auf Nachfrage der zuständigen Behörde auch nachweisen, dass das Risiko für eine Umgehung der Verordnung oder eine Vermischung von Rohstoffen und Erzeugnissen aus anderen Ländern, die nicht dieser Risikokategorie zugeordnet werden können, nahezu ausgeschlossen ist, kann er die Sorgfaltserklärung ohne eine vorherige Risikobewertung und etwaige Minderungsmaßnahmen einreichen, Art. 13 Abs. 1 EUDR.

In der Literatur wird an dieser Stelle das Wort „Checkbox-Compliance“[168] verwendet, weil mit Hilfe dieser Kategorisierung eine spürbare Vereinfachung zur Einhaltung der Compliance-Vorgaben vorliegt. Dem soll an dieser Stelle widersprochen werden. Zwar entfallen zwei der drei Schritte der Due-Diligence, eine umfängliche Beschaffung von Informationen aus der Lieferkette, regelmäßige Prüf- und Dokumentationspflichten, wie auch die generelle Einführung

168 Everhardt, DB 2023, S. 2354, 2358.

eines systematischen Ansatzes zur Einhaltung der Verordnung sind keineswegs mit dem Wort „Checkbox-Compliance“ abzutun. Dies gilt es insbesondere festzuhalten, scheinen doch die größten Herausforderungen im Bereich der Informationsbeschaffung über der gesamten Lieferkette zu liegen und nicht in den beiden nachgelagerten Stufen der Due-Diligence. Und genau dieser Punkt bleibt bestehend.

Ein weiterer Ansatzpunkt der EUDR, der zunächst den Anschein erweckt, als würde für Marktteilnehmer an einer Stelle eine spürbare Erleichterung vorgesehen sein, findet sich in Art. 4 Nr. 9 der Verordnung. Hiernach dürfen Marktteilnehmer auf bereits übermittelte Sorgfaltserklärungen verweisen, indem sie die Referenznummer dieser Erklärung bei der Einreichung der eigenen Erklärung angeben. Diese Regelung führt jedoch nicht zu einer tatsächlichen Erleichterung. Die dreistufige Prüfung der Sorgfaltspflicht hat stattdessen vollumfänglich stattzufinden. Der Bezug auf eine bereits bestehende Sorgfaltserklärung dient lediglich zur Vereinfachung des formellen Prozesses bei der Einreichung der Sorgfaltserklärung unter Zuhilfenahme der Anleitung gemäß Anhang II der Verordnung.[169]

Vor dem Hintergrund der vollumfänglichen Prüfungspflicht und der damit einhergehenden Haftung, ist es für Unternehmen, auch in Fällen, in denen auf eine bestehende Referenznummer Bezug genommen wird, empfehlenswert, sich im Wege von vertraglichen Regelungen sämtliche notwendigen Informationen aus der voranstehenden Lieferkette zur Verfügung stellen zu lassen, um eine eigenständige Prüfung vornehmen zu können.[170]

Festzuhalten ist an dieser Stelle ausdrücklich, dass es sich bei den Sorgfaltsanforderungen gemäß EUDR – etwa in Abgrenzung zu den meisten Anforderungen nach dem LkSG – um Erfolgspflichten handelt. Das bedeutet, dass der Nachweis über ein Bemühen, die gesetzlichen Anforderungen zu erfüllen, nicht ausreicht, vielmehr ist eine Konformität mit den Anforderungen der EUDR Pflicht.[171]

---

169 Zu diesem Ergebnis kommt auch Giesberts/Fink, KlimaRZ 2023, S. 169, 173.

170 Hörnig, CB 4/2024, S. 119, 122.

171 Ruttloff/Wagner/Hahn, CB 3/2022, S. 64, 64; für Ausführungen zur Bemühenspflicht beim LkSG siehe Schröder/Schulz, Praxisleitfaden Supply Chain Compliance, S. 53 f. Rn. 163 ff.

Diese Konformität hat bei Erzeugnissen, die aus mehreren relevanten Rohstoffen bestehen – erschwerender Weise – für jeden enthaltenen Rohstoff vorzuliegen. Das bedeutet, dass die Sorgfaltspflicht nicht für ein Erzeugnis per se erfüllt werden kann, diese stattdessen in Bezug auf jeden relevanten Bestandteil des Erzeugnisses anzuwenden ist.[172]

Sind die Anforderungen an eine vereinfachte Sorgfaltspflicht nicht erfüllt, gilt es, nicht nur die nachfolgend näher beschriebene Stufe 1 zu den Informationsanforderungen zu erfüllen, sondern auch Stufe 2 und Stufe 3 der Sorgfaltspflicht.

2.3.3.1. Informationsbeschaffung

Der erste Schritt befasst sich mit der Informationsbeschaffung gemäß Art. 9 Abs. 1 EUDR. Hiernach hat der Marktteilnehmer zu belegen, dass die von ihm in Verkehr gebrachten, am Markt bereitgestellten oder ausgeführten relevanten Rohstoffe und Erzeugnisse den Anforderungen des Art. 3 EUDR entsprechen. Zu diesem Zweck ist er verpflichtet, Informationen, Unterlagen und Daten zu erheben, die geeignet sind, die Konformität der Produkte mit der Verordnung aufzuzeigen.

Hierbei handelt es sich nach Art. 9 Abs. 1 a)–h) EUDR um:

a) Die Beschreibung des Produktes, inklusive Art des Erzeugnisses und dessen Handelsname. Im Rahmen der Produktbeschreibung sind die im Produkt wiederum enthaltenen Rohstoffe und Erzeugnisse aufzulisten;

b) Die Anzahl und/oder Menge der relevanten Erzeugnisse;

c) Das Land, in dem der Rohstoff gewonnen oder das Erzeugnis hergestellt wurde, ggf. auch konkrete Landesteile;

d) *„Die Geolokalisierung aller Grundstücke, auf denen die relevanten Rohstoffe, die das relevante Erzeugnis enthält oder unter deren Verwendung es hergestellt wurde, erzeugt wurde, sowie den Zeit-*

172 FAQ der EU-Kommission zur EUDR, Stand 22. Dezember 2023, Frage 3; abrufbar unter: https://circabc.europa.eu/ui/group/34861680-e799-4d7c-bbad-da83c45da458/library/e126f816-844b-41a9-89ef-cb2a33b6aa56/details, zuletzt abgerufen am 28.04.2024.

punkt oder Zeitraum der Erzeugung.“ Sind relevante Rohstoffe auf mehreren Grundstücken erzeugt worden, so sind alle betroffenen Geolokalisierungen anzugeben. Eine Entwaldung oder Waldschädigung auf diesen Grundstücken hat zur Folge, dass alle von dort stammenden Rohstoffe oder Erzeugnisse unzulässig sind und nicht in Verkehr gebracht, auf dem Markt bereitgestellt oder ausgeführt werden dürfen. Für Rinder oder relevante Erzeugnisse, die aus Rindern hergestellt wurden, wie auch für *„relevante Erzeugnisse, die mit relevanten Erzeugnissen gefüttert wurden“*[173], gilt, dass Geolokalisierungen aller Betriebe erhoben und bereitgestellt werden müssen, in denen die Rinder gehalten wurden;

e) Die Kontaktdaten (einschließlich E-Mail-Adressen) aller Lieferanten des relevanten Erzeugnisses;

f) Die Kontaktdaten (einschließlich E-Mail-Adressen) aller Kunden, denen das relevante Erzeugnis bereits geliefert wurde;

g) *„angemessene, schlüssige und überprüfbare Informationen darüber, dass die relevanten Erzeugnisse entwaldungsfrei sind*;

h) *angemessene, schlüssige und überprüfbare Informationen darüber, dass die Erzeugung der relevanten Rohstoffe im Einklang mit den einschlägigen Rechtsvorschriften des Erzeugerlandes erfolgt ist, einschließlich aller Vereinbarungen, die das Recht begründen, das betreffende Gebiet für die Erzeugung der relevanten Rohstoffe zu nutzen.“*

Diese Daten sind für fünf Jahre, ausgehend vom Datum der Bereitstellung beziehungsweise der Ausfuhr des relevanten Erzeugnisses, aufzubewahren und den Behörden auf Verlangen zur Verfügung zu stellen, Art. 9 EUDR.

Der oben dargestellte Umfang, wie auch die Art der zu erhebenden Informationen, dürften praktische Herausforderungen mit sich bringen. So ist festzustellen, dass die EUDR im Vergleich zu bestehenden Regelungen in zweierlei Hinsicht neue Maßstäbe setzt. Einerseits geht es hierbei um die Tiefe der Lieferkette, die offengelegt werden muss, andererseits um die Art der Informationen,

173 Gemeint ist mit dieser recht sperrigen Formulierung die Fütterung von Rindern mit Soja.

die bis dato in dem Umfang noch nicht vorgesehen waren. Wie ausgeführt, muss der Marktteilnehmer gemäß Art. 9 Abs. 1 e) und f) EUDR die Kontaktdaten aller Lieferanten und Abnehmer des relevanten Erzeugnisses erheben und bereithalten (somit up- und downstream der Lieferkette).[174] Er muss sich im Rahmen dessen auf die Richtigkeit berufen können und trägt die Verantwortung dafür, dass die relevanten Erzeugnisse EUDR-konform gehen.

Hintergrund hierfür ist die dadurch gegebene Möglichkeit, mit Hilfe dieser Informationen, in beide Richtungen der Lieferkette weitere Informationen für die Analyse des Risikos im Sinne des Art. 10 EUDR und etwaigen damit einhergehenden Risikominderungsmaßnahmen gemäß Art. 11 EUDR zu beschaffen.[175]

Bei bisherigen Regelungen, etwa dem LkSG, galt es „lediglich", Verantwortung für die eigene Geschäftstätigkeit zu übernehmen, in Verbindung mit Verpflichtungen, in der auf das eigene Unternehmen vorgelagerten Lieferkette.[176]

Wird nun davon ausgegangen, dass insbesondere in der Zusammenarbeit mit (einer Vielzahl an) Kleinbauern nicht immer ein nach europäischem Verständnis professionell aufgebautes Unternehmen Zulieferer von Rohstoffen oder Erzeugnissen ist (beispielsweise auch nicht über eine E-Mail-Adresse verfügen könnte) und auch ein unterschiedliches Verständnis zum Thema Nachhaltigkeit bestehen kann, decken sich Erwartungshaltung der EUDR und die derzeitige Realität nicht.

Zwischen den Kleinbauern und dem Handel können sich zudem weitere Stationen zum Zwecke der Lagerung, zur Auf- und Weiterverarbeitung, Stufen des Zwischenhandels, die Nutzung von Herstellern für etwaig relevante Erzeugnisse und Exporteure finden, sodann erst Importeure.

Es könnte zwar das Argument angeführt werden, dass der Importeur gegenüber den Kleinbauern Unterstützungsleistungen erbringen sollte, um den informatorischen (und damit einhergehend auch technischen) Anforderungen gerecht zu werden. Soeben dargestellte Lie-

---

174 Siehe Ruttloff/Wagner/Kappler/Schuler, BB 2024, S. 707, 711.
175 Ruttloff/Wagner/Kappler/Schuler, BB 2024, S. 707, 711.
176 Harings/Hörnig, AW-Praxis 2023, S. 277, 278.

fer- und Produktionskette zeigt jedoch eindrücklich auf, weshalb das regelmäßig keinen praktischen Ansatz darstellen dürfte.

Wie es in solchen Fällen gelingen wird, die von der EUDR geforderten Informationen beizubringen und wie hoch das Verständnis der zuständigen, kontrollierenden Behörden im Falle von Lücken bei der Darstellung der Herkunft von relevanten Rohstoffen und Erzeugnissen sein wird, gilt es abzuwarten.

Erste branchenspezifische Lösungsansätze gibt es aber bereits. So will die Rainforest Alliance bis zum 30. Dezember 2024 für ihre Mitglieder eine Zertifizierung anbieten, welche die Einhaltung der Verordnung belegt. In den FAQ der Website findet sich jedoch auch eine Relativierung, dass die Zertifizierung nicht als Garantie der Konformität verstanden werden darf.[177] Dieser Lösungsansatz mag somit geeignet sein, über die Rainforest Alliance an Informationen zu gelangen, eine 100 %ige Sicherheit dürfen Unternehmen über diesen Weg aber nicht erwarten.

Anknüpfend an den soeben dargestellten Punkt, kommt nun die Art der Informationen hinzu, nämlich die Angabe der Geolokalisierungen der Grundstücke, von denen die relevanten Rohstoffe oder Produkte entstammen. Diese sollen später zur Prüfung etwaiger Abholzungen der gemeldeten Gebiete mittels Satellitenaufnahme verwendet werden. Art. 2 Nr. 28 EUDR definiert Geolokalisierung wie folgt:

> *„„Geolokalisierung“ die geografische Lage eines Grundstücks, angegeben durch Breiten- und Längenkoordinaten in Form von mindestens einem Breitengrad- und einem Längengradwert und unter Verwendung von mindestens sechs Dezimalstellen; bei Grundstücken mit einer Fläche von mehr als vier Hektar, die für die Erzeugung der anderen relevanten Rohstoffe als Rinder genutzt werden, wird dies in Gestalt von Polygonen, unter Verwendung von genügend Breitengrad- und Längengradwerten angegeben, um den Umriss jedes Grundstücks zu beschreiben;“.*

177 Siehe: Rainforest Alliance, Wie die Rainforest Alliance die EUDR-Compliance vom landwirtschaftlichen Betrieb bis zum Einzelhändler unterstützt, abrufbar unter, https://www.rainforest-alliance.org/de/business-de/zertifizierung/wie-die-rainforest-alliance-die-eudr-compliance-vom-landwirtschaftlichen-betrieb-bis-zum-einzelhandler-unterstutzt/, zuletzt abgerufen am 28.04.2024.

Anlehnend an soeben dargestellte Bedingungen auf niedrigster Ebene der Lieferketten in Erzeugerländern, stellt sich auch hier die Frage, ob und wie die Anforderung an derart detaillierte Informationen gestellt werden beziehungsweise praktisch umgesetzt werden kann.

Zwar ist das sogenannte Geotagging, also die Verknüpfung bestimmter Grundstücke mit Produkten, eine in der Praxis bereits angewendete Methode. So wird diese in der Industrie oder von Organisationen, die sich mit Zertifizierungen beschäftigen schon vorwendet.[178] Allerdings kann nicht grundsätzlich davon ausgegangen werden, dass kurzfristig ganze Branchen die Methode lückenlos und vor allem auch fehlerfrei implementieren.

Stellenweise, beispielsweise bei Kaffeefarmen, dürfte davon auszugehen sein, dass ca. 80 % dieser Farmen überhaupt nicht kartiert sind und somit noch gar nicht die notwendigsten Grundlagen für die Bereitstellung der von der EUDR geforderten Informationen bestehen.[179]

Klar ist, dass beispielsweise der Importeur vor Einfuhr und Inverkehrbringen der Waren verpflichtet ist, diese Daten vorzuweisen. Wie er sie erhält, dürfte an mancher Stelle eine andere und zudem hochkomplexe Frage sein und sicherlich (stellenweise sehr) große Herausforderungen bedeuten.

Aber auch hier ist darauf hinzuweisen, dass bereits jetzt, über ein halbes Jahr vor Geltungsbeginn der Regelungen, Technikanbieter Lösungen präsentieren, die bei der Bewältigung dieser Herausforderungen helfen könnten. So wirbt beispielsweise das Unternehmen Live-EO auf seiner Website mit:

> „*The EU Deforestation Regulation is groundbreaking in the fight against deforestation. Discover how AI-powered satellite monitoring enables you to ensure compliance at scale.*“[180]

Das Tool soll somit bei der Lieferung der Geolocations unterstützen. Es setzt aber auch erst einmal voraus, dass in der betroffenen Region des Erzeugenden des Rohstoffs Internet zur Verfügung steht und dass

178 Coudenhove-Kalerdi/Merl, IRZ 2024, S. 167, 169.

179 Falker, EU droht 2025 Kaffeemangel, LebensmittelZeitung v. 08.03.2024, S. 22.

180 Live-EO, EUDR-Compliance. Automated and remote, abrufbar unter https://www.live-eo.com/solution/eudr-compliance, zuletzt abgerufen am 28.04.2024.

der Kleinbauer das Tool zu bedienen weiß. Gelingt dies oder ist es möglich, dass auf der nächsthöheren Ebene, also bei Zwischenlieferanten eine Geolokation des Kleinbauern erhoben werden kann, könnte hier ein Ansatz zur Lösung dieses Problems bestehen.

Die vorgenannten Geolocation-Daten können dann, wie vom Gesetzgeber gefordert, genutzt werden, um eine Veränderung der Herkunftsfläche von relevanten Rohstoffen oder Erzeugnissen mittels Satellitenaufnahmen zu überprüfen. Diese Aufnahmen können Marktteilnehmer und Händler über das von der EU-Kommission zur Verfügung gestellte Erdbeobachtungs- und Überwachungssystem „Copernicus“[181] nutzen.[182] Ein aufgezeichnetes Webinar zur Nutzung von Copernicus für diese Zwecke findet sich auf der Website des Copernicus-Programms.[183]

Eine Entwaldung dürfte an dieser Stelle einfach auszumachen sein, ob und wie aber eine Waldschädigung im Sinne einer Veränderung der Waldstruktur[184], bspw. durch eine widernatürliche Aufforstung, mit Hilfe dieser Daten auch von Personen, die nicht ausgewiesene Fachleute sind, erkannt werden kann, erscheint fragwürdig.

Neben den vorgenannten Punkten ist festzustellen, dass sich an dieser Stelle der Verordnung ein gewisses Maß an Rechtsunsicherheit ausmachen lässt. Insbesondere die Formulierung aus Art. 9 Abs. 1 h) und g) EUDR, bezüglich „der *angemessen schlüssigen und überprüfbaren Informationen“,* lässt für Marktteilnehmer und Händler einen sehr großen Spielraum bei der Auslegung dieses Wortlauts. Auffallend ist, dass diese Problematik der fehlenden Präzisierung der gesetzlichen Regelungen bei weiteren aktuellen Normen[185] der Lieferketten-Com-

181 Siehe hierzu ErwG. 31 bzw. Kapitel 2.4.4.3.

182 Hierauf hinweisend: Coudenhove-Kalergi/Merle, IRZ 2024, S. 167, 169.

183 https://www.copernicus.eu/en/events/events/copernicus-webinar-copernicus-tackling-deforestation-and-forest-degradation, zuletzt abgerufen am 28.04.2024.

184 Vgl. Kapitel 2.1.2.

185 So z. B. beim LkSG bezüglich des Begriffs der „Angemessenheit“, was das BAFA dazu brachte, eine eigene Handreichung zur Auslegung bereitzustellen, abrufbar unter https://www.bafa.de/SharedDocs/Downloads/DE/Lieferketten/handreichung_angemessenheit.html (zuletzt abgerufen am 28.04.2024) oder bei der CS3D bezüglich des Terminus der „geeigneten Maßnahmen“ i. S. d. Art. 6–8 CS3D.

pliance – gewollt oder ungewollt – vorzufinden ist. Diesbezüglich gilt es, weitere Informationen zur Auslegung oder aber erste Entscheidungen der zuständigen Behörden abzuwarten, um Klarheit zu erlangen.[186]

Im Zusammenhang mit dem LkSG und der CS3D lässt sich auch feststellen, dass die im Rahmen der Informationsbeschaffung gemäß Art. 9 EUDR erhobenen Informationen grundsätzlich zu einer erhöhten Transparenz in der gesamten Lieferkette führen dürften, was eine bessere und informiertere Lieferantenauswahl, auch vor dem Hintergrund der Anforderungen dieser beiden Regelungen, bedeuten dürfte.

Auf weitere Herausforderungen, die sich auch aus den Anforderungen der Datenbeschaffung, aber auch aus anderen, den Anwendungsbereich der Verordnung betreffenden Regelungen ergeben, wird im Kapitel 2.5. zu den praktischen Herausforderungen eingegangen.

2.3.3.2. Risikobewertung

Liegen nun die gemäß Art. 9 EUDR notwendigen Informationen vor, hat im zweiten Schritt eine Risikobewertung zu erfolgen. Hierbei gilt, dass Marktteilnehmer gemäß Artikel 10 Abs. 1 EUDR keine relevanten Erzeugnisse in Verkehr bringen oder ausführen dürfen, sofern die Bewertung nicht das Vorliegen keines oder zumindest eines vernachlässigbaren Risikos ergibt, dass diese Erzeugnisse nicht konform mit den Anforderungen des Art. 3 EUDR gehen.

Vernachlässigbares Risiko wird in Art. 2 Nr. 26 EUDR definiert als *„das Risikoniveau, das bei relevanten Rohstoffen und relevanten Erzeugnissen vorliegt, wenn bei diesen aufgrund einer vollständigen Bewertung der produktspezifischen und der allgemeinen Informationen sowie gegebenenfalls der Anwendung geeigneter Risikominderungsmaßnahmen kein Anlass zur Besorgnis darüber besteht, dass sie gegen Artikel 3 Buchstaben a oder b verstoßen."*

Für die Bewertung des Risikos durch das Unternehmen sind die Kriterien gemäß Artikel 10 Abs. 2 EUDR heranzuziehen:

---

186 Vgl. Everhardt, DB 2023, S. 2354, 2357; und auch Giesberts/Fink, KlimaRZ 2023, S. 169, 174.

- Das Kriterium aus Abs. 2 a) bezieht sich auf das Länder-Benchmarking durch die EU-Kommission gemäß Artikel 29 der Verordnung.[187]
- b) stellt auf die Präsenz von Wäldern im Erzeugerland ab;
- c), d) und e) setzen sich mit der Präsenz von, der Kooperation und Einbeziehung mit, sowie den vorhandenen Ansprüchen von indigenen Völkern auseinander;
- Gemäß f) ist die bereits vorhandene Verbreitung von Waldschädigung und Entwaldung als Kriterium heranzuziehen;
- g) stellt auf die Qualität von Quellen und Informationen gemäß Art. 9 Abs. 1 ab;
- h) thematisiert etwaige Korruption im Erzeugerland;
- i) die Komplexität der betroffenen Lieferkette und die Vielzahl von Verarbeitungsstufen relevanter Erzeugnisse;
- Gemäß j) ist das allgemeine Risiko, dass die gegenständliche Verordnung umgangen wird, mit einzubeziehen, beispielsweise aufgrund einer Vermischung von Rohstoffen, deren Ursprung nicht bekannt ist oder die wahrscheinlich aus Gebieten stammen könnten, in denen Entwaldung stattfindet;
- k) etwaige Schlussfolgerungen, die die Europäische Kommission im Register der Sachverständigengruppe der EUDR veröffentlicht;
- l) begründete Bedenken natürlicher oder juristischer Personen gemäß Art. 31 EUDR sowie Informationen über bereits begangene Verstöße entlang der betroffenen Lieferkette;
- m) alle weiteren Informationen, die den Schluss zulassen, dass eine Gefahr von nicht mit der EUDR konform gehenden Erzeugnissen besteht.
- n) ergänzende Informationen, aus von der EU-Kommission anerkannten Zertifizierungssystemen.

Die auf voranstehenden Kriterien durchgeführte Risikobewertung ist mindestens einmal jährlich zu überprüfen. Marktteilnehmer müssen die vorgenommene Bewertung mitsamt einer Darlegung, wie diese

187 Siehe hierzu im Detail, Kapitel 2.3.3.

Prüfung vorgenommen wurde, auf Anfrage der zuständigen Behörde zur Verfügung stellen, Art. 10 Abs. 4 EUDR. Für die praktische Anwendung im Unternehmen bedeutet dies, dass ein reines Sammeln von Informationen und eine nicht dokumentierte Bewertung dieser nicht empfehlenswert ist. Stattdessen gilt es, die Prüfung des Risikos nachvollziehbar zu dokumentieren.[188]

Bereits jetzt gibt es einige Anbieter am Markt, die mittels technologischer Unterstützung bei der Beschaffung von Informationen und der Bewertung des hieraus zu erwartenden Risikos Lösungen anbieten.[189] Dies dürfte insbesondere aus der Perspektive der Effizienz, sicherlich aber vor dem Hintergrund der Fehleranfälligkeit aufgrund der Komplexität des Ganzen, hilfreich sein.[190]

Führt die Risikobewertung zu dem Ergebnis, dass nur ein vernachlässigbares oder gar kein Risiko für eine fehlende Übereinstimmung mit der EUDR besteht, gilt es für das Unternehmen, unabhängig ob Marktteilnehmer oder Händler,[191] die Sorgfaltserklärung mittels des von der EU bereitgestellten Informationssystems einzureichen, Art. 4 Abs. 2 EUDR.

Dieses Informationssystem ist von der EU-Kommission zum 30. Dezember 2024 zu errichten und zu unterhalten, Art. 33 Abs. 1 EUDR. Entsprechende Anforderungen an das System sind in Abs. 2 der Regelung definiert. Laut aktuellen Medienberichten soll das System Mitte Dezember zur Verfügung stehen.[192] Weitere Implikationen, die sich hieraus ergeben, finden sich im Kapitel über die Herausforderungen bei der Umsetzung der EUDR.[193]

Mit der Übersendung der Erklärung über besagtes System übernimmt das Unternehmen gemäß Art. 4 Abs. 3 EUDR Verantwortung für die

---

188 So auch Everhardt, DB 2023, S. 2354, 2358.

189 Ceaux, ESGZ 2023, S. 13, bezugnehmend auf das Unternehmen Sourcemap, das eine Software anbietet, die Supply Chain Mapping betreibt. Weiteres Beispiel: die FSC-Blockchain; FSC® MASTER SLIDE LIBRARY (fsc-deutschland.de), S. 35 f.

190 So auch Herold et al., ZRFC 2024, S. 7, 11.

191 Vgl. Art. 5 Abs. 1 EUDR.

192 Falker, Zeitplan zur VO „Entwaldungsfrei", LebensmittelZeitung v. 01.03.2024, S. 24.

193 Vgl. Kapitel 2.5.

Übereinstimmung der von ihm in der EU in Verkehr gebrachten, dort gehandelten oder exportierten Produkte im Sinne der EUDR.

Hat das Unternehmen hingegen ein nicht vernachlässigbares Risiko ausgemacht, gilt es, gemäß Art. 11 zu prüfen, ob das Risiko gemindert werden kann, um über diesen Weg auf ein vernachlässigbares Risiko zu kommen.

2.3.3.3. Risikominderung

Der dritte und letzte Schritt der Due-Diligence umfasst Maßnahmen zur Reduzierung beziehungsweise Minderung von Risiken. Gemäß Art. 11 Abs. 1 EUDR hat der Marktteilnehmer Maßnahmen zur Minderung des Risikos zu ergreifen, dass relevante Rohstoffe oder Erzeugnisse, die er in der EU in Verkehr bringt, anbietet oder aus dieser ausführt, nicht konform mit der EUDR sind, sofern die zuvor durchgeführte Risikobewertung nicht zu dem Ergebnis geführt hat, dass kein oder nur ein vernachlässigbares Risiko hierfür besteht.

Entsprechende Verfahren und Maßnahmen gemäß Art. 11 Abs. 1 Nr. a) bis c) EUDR lauten:

> *„a) Die Anforderung zusätzlicher Informationen, Daten oder Unterlagen*
>
> *b) Die Durchführung unabhängiger Erhebungen oder Audits*
>
> *c) Das Ergreifen anderer Maßnahmen im Zusammenhang mit der Informationsanforderung gemäß Artikel 9."*

Darüber hinaus können Unterstützungsleistungen praktischer wie auch finanzieller Natur in der vorgelagerten Lieferkette Maßnahmen nach Art. 11 EUDR darstellen. Diese Regelung zielt insbesondere auf die Unterstützung von Kleinbauern ab, die hierdurch stellenweise erst die Möglichkeit erhalten, ihrerseits die notwendigen Informationen, die der Marktteilnehmer für ein vernachlässigbares Risiko benötigt, zur Verfügung zu stellen.[194] Zu den Herausforderungen bezüglich der Komplexität und Tiefe der Lieferkette finden sich Ausführungen im Kapitel 2.3.3.1.

194 Siehe ErwG. 50 EUDR.

Weiterhin sieht Art. 11 Abs. 2 EUDR vor, dass Marktteilnehmer bei der Minderung der Risiken strategisch vorgehen, hierfür beispielsweise Kontrollen und Verfahren etablieren, um eine risikomindernde Wirkung herbeizuführen. Hierzu können folgende Konzepte gehören:

> *„a) Modellverfahren für das Risikomanagement, Berichterstattung, Aufzeichnungen, interne Kontrolle und Compliance-Management, für nicht-KMU-Marktteilnehmer einschließlich der Benennung eines Compliance-Beauftragten auf der Führungsebene;*
>
> *b) eine unabhängige Prüfstelle zur Überprüfung der unter Buchstabe a genannten internen Strategien, Kontrollen und Verfahren für alle nicht-KMU-Marktteilnehmer."*

Dieser Katalog an Strategien, Verfahren und Kontrollen verdeutlicht erneut die Notwendigkeit eines CMS und einer funktionierenden Lieferketten-Compliance für Unternehmen, die in den Anwendungsbereich der Verordnung fallen.[195]

Neben der Etablierung und Umsetzung gilt es, Entscheidungen über Maßnahmen und angewendete Verfahren zur Minderung des Risikos zu dokumentieren, jährlich auf ihre Aktualität und Angemessenheit zu überprüfen und der zuständigen Behörde auf Nachfrage zur Verfügung zu stellen, Art. 11 Abs. 3 EUDR. Auch gilt es hierbei, zu dokumentieren, auf welcher Basis Entscheidungen für oder gegen bestimmte Maßnahmen und Verfahren zur Minderung von Risiken getroffen wurden.

Gelingt es dem Unternehmen auf diesem Weg, das vorhandene Risiko dahingehend zu reduzieren, dass es nur noch vernachlässigbar im Sinne des Art. 2 Nr. 26 EUDR ist, darf es das Produkt in den Verkehr bringen oder exportieren. Gelingt dies nicht, würde ein Inverkehrbringen oder ein Export gegen die Anforderungen von Art. 3 EUDR verstoßen und wäre unzulässig.[196]

Neben den in der Verordnung angeführten Maßnahmen können auch präventive Schritte in Betracht gezogen werden, um das Risiko bereits im Vorhinein zu reduzieren. In Frage kommen hier etwa Qualitätssicherungsvereinbarungen oder gar Compliance-Klauseln,

---

195 So im Ergebnis auch Everhardt, DB 2023, S. 2354, 2358 f.; siehe zum Thema CMS auch Kapitel 2.2.2.1. und 2.2.2.2.

196 So auch Hasagic, ZLR 4/2023, S. 485, 491; Passas/Holtz, DB 2023, M14, M15.

analog zu § 6 Abs. 4 Nr. 2 LkSG, mit Lieferanten, um neben dem Verweis auf gesetzliche Regelungen auch über vertragliche Regelungen die Einhaltung der Anforderungen der EUDR einfordern zu können. Entsprechende Verträge könnten auch unangekündigte Auditrechte enthalten.[197] Ob und inwieweit solche Regelungen vertraglich umsetzbar sind, dürfte stark vom Machtverhältnis zwischen den Parteien abhängen und nicht immer eine geeignete Lösung darstellen.

Daneben besteht die offensichtliche Möglichkeit, die Auswahl der Zulieferer direkt dahingehend zu treffen, dass die Entwaldungsfreiheit der gelieferten Produkte Bedingung ist. Dies dürfte in den meisten Fällen auch die Notwendigkeit einer Schulung der Mitarbeiterinnen und Mitarbeiter im Einkauf erfordern.[198]

Ob es eine verlässliche Zertifizierung geben wird, die das ganze Prozedere weiter vereinfacht, wird sich zeigen.[199]

Es lässt sich folglich festhalten, dass Art. 11 EUDR einen Katalog an Maßnahmen und Werkzeugen enthält, die geeignet sein können, ein etwaiges Risiko, dass Produkte nicht konform mit den Anforderungen der EUDR sind, zu reduzieren. Vorrangig zielen diese auf die Einholung weiterer Informationen zur besseren Beurteilung des Sachverhalts ab. Zugleich steht auch ein funktionierendes Lieferketten (Compliance) Management im Fokus.

2.3.3.4. Erleichterungen für KMU, Klein- und Kleinstunternehmen

Die in den obenstehenden Kapiteln getätigten Ausführungen zu den Anforderungen an die Sorgfaltspflicht von Marktteilnehmern und Händlern lassen deutlich erkennen, dass diese mit Aufwand und Kosten verbunden sind. Zugleich liegt auf der Hand, dass nicht jedes Unternehmen die gleiche Auswirkung auf die Erreichung des Ziels der Verordnung – entwaldungsfreie Lieferketten – hat.[200]

197 Wittbrodt, InTeR 2022, S. 20, 23.

198 Anlehnend an Wulf et al, KoR 2022, S. 396, 402, die dies als Präventionsmaßnahme zur Einhaltung der Anforderungen des LkSG anbringen.

199 Vgl. hierzu die Ausführungen zur Rainforest Alliance Zertifizierung in Kapitel 2.3.3.1.

200 Siehe hierzu auch ErwG. 53 EUDR.

Aufgrund dessen hat der europäische Gesetzgeber verschiedene Erleichterungen für in den Anwendungsbereich der EUDR fallende Unternehmen vorgesehen, denn wie oben bereits angeführt, sieht die EUDR keine Mindestmitarbeiterzahl und keinen Mindestumsatz vor, sondern jedes Unternehmen, das relevante Rohstoffe oder Erzeugnisse in Verkehr bringt, auf dem Markt bereitstellt oder exportiert, unterliegt deren – mehr oder weniger invasiven – Regelungen.

Justiert wird stattdessen mit Hilfe von erleichternden Ausnahmeregelungen für kleine und mittlere Unternehmen (KMU), für Kleinstunternehmen wie auch nochmals explizit für kleine Unternehmen – bezüglich Letzteren besteht somit quasi eine Auftrennung des eigentlich feststehenden KMU-Begriffs.

Bevor die einzelnen Sonderregelungen dargestellt werden, gilt es, die Begrifflichkeiten zu definieren. Dies geschieht auf Basis von Art. 3 der Bilanzrichtlinie (RL 2013/34/EU), auf die in der EUDR Bezug genommen wird.

1. Gemäß Art. 3 Abs. 1 Bilanzrichtlinie sind Kleinstunternehmen solche Unternehmen, die nicht mindestens zwei der drei nachfolgenden Merkmale zahlenmäßig überschreiten:
    1. 350.000 Euro Bilanzsumme
    2. 700.000 Euro Nettoumsatz
    3. 10 Beschäftigte im Durchschnitt.
2. Kleine Unternehmen werden definiert als Unternehmen, die ihrerseits wiederum nicht mindestens zwei der drei folgenden Kriterien überschreiten, Art. 3 Abs. 2 Bilanzrichtlinie:
    1. 4.000.000 Euro Bilanzsumme
    2. 8.000.000 Euro Nettoumsatz
    3. 50 Beschäftigte im Durchschnitt.
3. Mittlere Unternehmen sind Unternehmen gemäß Abs. 3, die nicht zwei der drei nachfolgenden Merkmale aufweisen:
    1. 20.000.000 Euro Bilanzsumme
    2. 40.000.000 Euro Nettoumsatz
    3. 250 Beschäftigte im Durchschnitt.

Als KMU werden folglich Unternehmen der Kategorie 2 und 3 zusammengefasst. Große Unternehmen sind im Umkehrschluss solche, die mehr als zwei der drei Merkmale der unter 3. aufgeführten Anforderungen erfüllen.

Dies vorausgeschickt, gelten folgende Abweichungen im Vergleich zu den Regelungen für große Marktteilnehmer und Händler.

KMU-Marktteilnehmer im Sinne des Art. 4 Abs. 8 EUDR

KMU-Marktteilnehmer sind von der konkreten Sorgfaltsprüfung befreit, sofern für die von ihnen vertriebenen Rohstoffe und Erzeugnisse bereits eine Sorgfaltserklärung – und damit eine Erklärung über die Einhaltung der Sorgfaltspflicht gemäß der Verordnung – eingereicht wurde. Ist dies der Fall, müssen KMU-Marktteilnehmer der zuständigen Behörde auf Verlangen die Referenznummer der Erklärung kommunizieren können, auf die sie sich beziehen, Art. 4 Abs. 8 S. 1 EUDR.

Diese Regelung gilt ausdrücklich nur für Produkte oder Bestandteile davon, die bereits in Verkehr gebracht wurden. Bringt das KMU-Unternehmen einen relevanten Rohstoff oder ein Erzeugnis (auch als Teil eines komplexen Produktes) selbst erstmals in Verkehr, gelten die allgemeinen Bestimmungen der Verordnung, Art. 4 Abs. 8 S. 2 EUDR.

Dieses Konstrukt aus S. 1 und S. 2 stellt für KMU-Marktteilnehmer, auf den Due-Diligence-Prozess bezogen, eine erhebliche Vereinfachung bezüglich der Due-Diligence-Pflichten dar.[201] Zwar ist diese Erleichterung nicht vergleichbar mit einem pauschalen Ausschluss aus dem Anwendungsbereich, etwa wie beim LkSG für Unternehmen mit weniger als 1.000 Mitarbeitern, dennoch können KMU hierdurch einem Großteil der (aufwendigen) Verpflichtungen nach der EUDR entgehen, insbesondere indem sie z. B. sicherstellen, dass sie grundsätzlich nur Rohstoffe und Erzeugnisse kaufen, die von Partnern stammen, die bereits den gesetzlichen Anforderungen der Verordnung vollumfänglich Genüge geleistet haben.

Der generellen Verantwortung für die Produkte können sich KMU-Marktteilnehmer dennoch nicht entziehen, Art. 4 Abs. 10 EUDR. Hiernach gilt, dass es in den Verantwortungsbereich von KMU-Marktteil-

201 Im Ergebnis auch Giesberts/Fink, KlimaRZ, 2023, S. 169, 173.

nehmern fällt, dass eine Sorgfaltserklärung für die entsprechenden Produkte (durch ein Unternehmen in der vorgelagerten Lieferkette) übermittelt wurde und dass diese tatsächlich auch den Anforderungen des Art. 3 EUDR genügt. Ob und wie ein KMU das verifizieren kann, ist unklar. In der Literatur wird diesbezüglich auf die Implementierung eines funktionstüchtigen Compliance Management Systems gesetzt, zudem auf vertragliche Regelungen mit Lieferanten, die Verpflichtungen und etwaige Haftungsfragen regeln.[202] Dies könnte für KMU in der Durchsetzung aber herausfordernd werden.

Auch gilt für KMU weiterhin die Verpflichtung gemäß Art. 4 Abs. 5 EUDR, die zuständige Behörde umgehend zu unterrichten, sollten begründete Bedenken bezüglich der Übereinstimmung von Rohstoffen und Erzeugnissen mit den Anforderungen der Verordnung bestehen.

KMU-Händler im Sinne des Art. 5 Abs. 2 EUDR

Auch für KMU-Händler ergeben sich einige Sonderregelungen, die die Anwendung der EUDR vereinfachen sollen. Sie sind von der voranstehend dargestellten aufwendigen dreistufigen Sorgfaltsprüfung komplett befreit, müssen stattdessen Informationen über die relevanten Rohstoffe und Erzeugnisse in Bezug auf die Lieferkette zusammentragen und aufbewahren, Art. 5 Abs. 2, Abs. 3 EUDR.

Hierzu gehören Namen, Kontaktdaten, ggf. Internetseiten sowie die den entsprechenden Produkten zuzuordnende Referenznummer der Sorgfaltserklärung der Marktteilnehmer und Händler aus der vorgelagerten Lieferkette. Ferner gilt diese Anforderung auch für Händler der direkt nachgelagerten Lieferkette. Der Wortlaut von Art. 5 Abs. 3 b) EUDR setzt ausdrücklich das Erheben entsprechender Daten der Händler voraus. Von daher dürfte anzunehmen sein, dass ein Verkauf an Endkunden keine Speicherung von Daten verlangt. Hierfür spricht, dass mit dem Verkauf an den Endkunden die Lieferkette regelmäßig enden dürfte und es keiner weiteren Dokumentation und Verfolgung bedarf. Diesbezüglich wäre eine Auslegungshilfe durch die EU-Kommission oder die zuständige nationale Behörde dennoch hilfreich, um Rechtssicherheit für unter die EUDR fallenden KMU-Händler zu erlangen.

202 Siehe Ruttloff/Wagner/Kappler/Schuler, BB 2024, S. 707, 714.

Vorgenannte Informationen sind durch den KMU-Händler für fünf Jahre zu speichern und auf Anfrage der zuständigen Behörde vorzulegen, Art. 5 Abs. 4 EUDR.

In der Literatur wird an dieser Stelle das Beispiel eines Buchhändlers angeführt, der nach der EUDR verpflichtet ist, die Kontaktdaten sowie die Referenznummer zur Sorgfaltserklärung seiner Lieferanten, also sämtlicher Verlage oder Zwischenbuchhändler, von denen er Waren bezieht, für fünf Jahre zu speichern.[203]

Analog zur Regelung für KMU-Marktteilnehmer gilt für KMU-Händler aber ebenfalls die Unterrichtungspflicht der Behörde, im Falle von neuen Informationen, die dafürsprechen könnten, dass ein Verstoß gegen die Verordnung vorliegen könnte, Art. 5 Abs. 5 EUDR.

Dennoch ist festzustellen, dass eine spürbare Differenzierung zwischen KMU-Marktteilnehmern und KMU-Händler vorgenommen wird. KMU-Händler sind gemäß Art. 5 Abs. 2–6 EUDR von einer direkten Verantwortlichkeit befreit, müssen lediglich voranstehende Verpflichtungen erfüllen. KMU-Marktteilnehmer bleiben gemäß Art. 4 Abs. 10 EUDR ganz ausdrücklich weiterhin verantwortlich für die von ihnen in Verkehr gebrachten Rohstoffe und Erzeugnisse.[204]

Diese Differenzierung entspricht tendenziell auch eher dem ursprünglichen Entwurf der Verordnung[205], wonach Händler allgemein noch mit geringeren Verpflichtungen versehen waren als Marktteilnehmer. Dieser ursprüngliche Gedanke ist nachvollziehbar, ist es doch der Marktteilnehmer, der aufgrund seiner Stellung in der Lieferkette überhaupt erst die Einfuhr in die EU ermöglicht.

Gleichwohl ist der Einfluss von Händlern in der Lieferkette nicht zu unterschätzen, was dazu geführt haben dürfte, dass im Rahmen des finalen Textes der Verordnung eine an vielen Stellen vorliegende Gleichbehandlung von Marktteilnehmern und Händlern vorgenommen wurde.[206]

---

203 Hartke, WPg 02.2024, S. 77, 79.

204 Darauf hinweisend, Giesberts/Fink, KlimaRZ 2023, S. 169, 173; so auch Everhardt, DB 2023, S. 2354, 2356.

205 Vgl. EU-Kommission, COM (2021), 706.

206 Ebenso Everhardt, DB 2023, S. 2354, 2356; begründet durch ErwG. 53 EUDR.

Diese Gleichbehandlung soll – offensichtlich – bei Händlern auf KMU-Niveau oder niedriger wieder aufgelöst werden.

Kleine Händler im Sinne des Art. 5 Abs. 2 EUDR gemäß Art. 3 Abs. 2 Bilanzrichtlinie

Ergänzend zu den Sonderregelungen für KMU-Händler, gilt für kleine Händler i. S. v. Art. 3 Abs. 2 der Bilanzrichtlinie, dass die sich aus der EUDR ergebenden Verpflichtungen erst ab 30. Juni 2025 Anwendung finden, Art. 38 EUDR.

Interessant ist an dieser Stelle, dass der europäische Gesetzgeber ausschließlich an dieser Stelle der Verordnung eine weitere Stufe zwischen KMU und Kleinstunternehmen aufnimmt, nämlich die der kleinen Unternehmen, wird ansonsten doch nur von KMU oder Kleinstunternehmen gesprochen.

Anzumerken ist auch, dass der europäische Gesetzgeber mit Art. 38 Abs. 3 EUDR eine Ausnahme der Ausnahme regelt. Die Erleichterung bei der Umsetzungsfrist findet nämlich keine Anwendung auf Erzeugnisse, die bereits der EUTR unterlagen, somit nicht auf klassische Holzprodukte. Die Erleichterung soll in Abgrenzung dazu aber sehr wohl für diejenigen Holzprodukte gelten, die neu in Anlage I der EUDR aufgenommen wurden, etwa Zeitschriften und Bücher.

Kleinstunternehmer im Sinne des Art. 6 Abs. 3 EUDR gemäß Art. 3 Abs. 1 Bilanzrichtlinie

Ergänzend zu den Sonderregelungen für KMU-Marktteilnehmer und -Händler, dürfen natürliche Personen, die als Marktteilnehmer auftreten oder Kleinstmarktteilnehmer, nachgeordnete Händler oder Marktteilnehmer, als Bevollmächtigte zur Übermittlung der Daten an Behörden beauftragen, Art. 6 Abs. 3 EUDR.

Diese nachgelagerten Marktteilnehmer oder Händler trifft sodann wieder die komplette Sorgfaltspflicht der Verordnung, insbesondere muss er die Sorgfaltserklärung i. S. d. Art. 4 Abs. 2 für den beauftragenden Kleinstunternehmer übernehmen.

Erstaunlich ist an dieser Stelle, dass der (beauftragende) Kleinstunternehmer wieder Verantwortung für die relevanten Rohstoffe und

Erzeugnisse zu tragen hat und sicherstellen muss, dass diese den Anforderungen nach Art. 3 EUDR[207] entsprechen. Diese Verpflichtung gilt, wie oben dargestellt, nicht für KMU-Händler, nun sehr wohl doch wieder für faktisch noch kleinere Marktteilnehmer, was erneut die ursprüngliche Unterscheidung der Verantwortung von Händlern und Marktteilnehmern (im Sinne von in Verkehr bringende Unternehmen und Exporteuren) verdeutlicht.

Für Kleinstunternehmen vereinfachend ist die Tatsache, dass auch diese Verpflichtungen erst ab 30. Juni 2025 gelten, Art. 38 Abs. 3 EUDR.

Für alle vorgenannten Akteure, also KMU-Marktteilnehmer, KMU-Händler, kleine Händler und Kleinstunternehmen, entfällt darüber hinaus die Berichtspflicht im Sinne des Art. 12 Abs. 3 EUDR, auf die in Kapitel 2.3.4.2. eingegangen wird.

Es lässt sich festhalten, dass die EUDR einige Erleichterungen für KMU, kleine und Kleinstunternehmen vorsieht. Wie zu Beginn des Kapitels erläutert, ist aber kein genereller Ausschluss für Unternehmen einer bestimmten Größe oder für Unternehmen, die nur Kleinstmengen relevanter Rohstoffe oder Erzeugnisse auf den Markt bringen, vorgesehen. Stattdessen muss tatsächlich jedes in den Anwendungsbereich fallende Unternehmen sich mit der Thematik beschäftigen und darf dann im Wege der konkreten Verpflichtungen Erleichterungen erfahren. Vor allem für kleine Marktteilnehmer ergeben sich trotz der Erleichterungen weiterhin komplexe Anforderungen verbunden mit der Übernahme von Verantwortung in der Lieferkette.

Dass dies bei kleinen Unternehmen (begründete) Sorgen und Herausforderungen bedeutet, wird in Kapitel 2.5. vertieft aufgegriffen.

2.3.3.5. Fazit Sorgfaltspflicht

Es lässt sich festhalten, dass Unternehmen bezüglich der Sorgfaltspflicht i. S. d. Art. 8 EUDR einer Vielzahl an Herausforderungen gegenüberstehen. Insbesondere das Thema der Informationsbeschaffung in der oftmals tiefen, vorgelagerten Lieferkette dürfte herausfordernd werden. Schritt 2 und Schritt 3 der Sorgfaltspflicht dürften sich durch

207 Somit entwaldungsfrei sind, indem sie den Rechtsvorschriften des Erzeugerlandes entsprechen und eine Sorgfaltserklärung vorliegt.

ein funktionierendes CMS beziehungsweise eine gut eingespielte Lieferketten-Compliance managen lassen.

Darüber hinaus sind einige Sonderregelungen auszumachen, die – sofern anwendbar – eine spürbare Erleichterung für kleinere Unternehmen bedeuten können, dennoch Aufwand erzeugen. Dies ist insbesondere der Fall bei Händlern und/oder kleineren Unternehmen, die aller Wahrscheinlichkeit nach über weniger Ressourcen im Bereich der Lieferketten-Compliance verfügen und diese auch nicht kurzfristig ausbauen können. Hierfür spricht auch der zeitlich verzögerte Beginn der Verpflichtungen für letztere Gruppe.

2.3.4. Weitere Pflichten

Neben der Sorgfaltspflicht gemäß Art. 8 EUDR bestehen weitere Verpflichtungen nach der EUDR, die nachfolgend kurz dargestellt werden sollen.

2.3.4.1. Einführung von Verfahren und Maßnahmen zur Einhaltung der Sorgfaltspflicht

Gemäß Art. 12 Abs. 1 EUDR sind Marktteilnehmer verpflichtet, Verfahren und Maßnahmen einzuführen, die dazu dienen, ihre Sorgfaltspflicht gemäß Art. 8 EUDR einzuhalten, also die Verpflichtung bezüglich der Informationsanforderungen, der Risikobewertung und der Risikominderung. Definiert wird dies verordnungsseitig in seiner Gesamtheit als „Sorgfaltspflichtregelung".

Erwägungsgrund 49 EUDR spricht von einem „systemischen Ansatz", der an dieser Stelle anzuwenden ist, um den Anforderungen der Verordnung zu entsprechen. Gemeint ist hiermit der Aufbau von lieferkettenbezogenen Compliance Management Strukturen, um die gesetzlichen Anforderungen zu erfüllen.[208]

Das System rund um die Sorgfaltspflichtregelung ist mindestens jährlich zu prüfen und zu aktualisieren, sollten Entwicklungen erkannt werden, die eine Anpassung notwendig machen, Art. 12 Abs. 2 EUDR.

---

208 So schlussfolgernd Ruttloff/Wagner/Hahn, CB 3/2022, S. 64, 67; so auch Uhlig/Gillig, ESGZ 2024, S. 13, 17, siehe zum Thema CMS im Detail, Kapitel 2.2.2.1.

2.3.4.2. Berichtspflicht

Auf Basis voranstehenden Systems gilt es, die Berichtspflicht gemäß Art. 12 Abs. 3 EUDR zu erfüllen, die, wie im Kapitel zuvor aufgezeigt, ausschließlich Marktteilnehmer (und somit auch die gleich zu behandelnden nicht-KMU-Händler) trifft. Demnach haben Marktteilnehmer einmal im Jahr möglichst umfassend öffentlich über die von ihnen eingeleiteten Schritte zur Einhaltung der Sorgfaltspflicht zu berichten, was sich positiv auf die allgemeine Transparenz in der Lieferkette auswirken soll.[209]

Die konkreten Anforderungen an die Berichte, die auch im Internet verfügbar zu machen sind, richten sich nach Art. 12 Abs. 4 EUDR.

So sind detaillierte Informationen über die relevanten Rohstoffe und Erzeugnisse aufzuführen, die im Rahmen der Erfüllung der Informationsforderungen nach Art. 9 Abs. 1 EUDR gewonnen wurden. Darüber hinaus sind Ergebnisse von Risikobewertung und etwaige Maßnahmen zur Risikominderung darzulegen. Als Drittes könnte es – sofern zutreffend – notwendig sein, darzustellen, ob und wie Konsultationen mit bestimmten Personengruppen vorgenommen wurden, die Ansprüche aufgrund ihrer Ansässigkeit im Gebiet der Erzeugung der relevanten Rohstoffe oder Erzeugnisse haben könnten. Hierzu gehören indigene Völker, Inhaber gewohnheitsmäßiger Landrechte, lokale Gemeinschaften oder aber Organisationen der Zivilgesellschaft vor Ort, Art. 12 Abs. 4 EUDR.

Diese Informationen sowie die hierfür herangezogenen Unterlagen und Aufzeichnungen sind ebenfalls für fünf Jahre aufzubewahren und der zuständigen Behörde auf Anfrage zur Verfügung zu stellen, Art. 12 Abs. 5 EUDR.

Gemäß Art. 12 Abs. 3 S. 2 EUDR kann diese Berichtspflicht auch erfüllt werden, in dem die zu kommunizierenden Informationen im Rahmen von durch andere gesetzliche Regelungen vorgeschriebene Berichterstattung erfolgen beziehungsweise in diese inkludiert werden.

In Betracht könnte hier beispielsweise die Berichterstattung gemäß LkSG kommen, möglicherweise auch Berichtspflichten aus anderen

---

209 ErwG. 53 EUDR.

Normen, die sich mit der Compliance in der Lieferkette beschäftigen.[210]

In Frage könnte, sofern das Unternehmen in den Anwendungsbereich der CSRD (RL (EU) 2022/2464) fällt, auch eine Aufnahme in die durch die Richtlinie geregelte Nachhaltigkeitsberichterstattung kommen.[211]

2.3.4.3. Pflicht zur Informationsweitergabe

Zu guter Letzt ist für die praktische Umsetzung der EUDR die Verpflichtung zur Daten- und Informationsweitergabe gemäß Art. 4 Abs. 7 EUDR von höchster Priorität. Sie gewährleistet die Funktionstüchtigkeit des durch die Verordnung geschaffenen Konstrukts.

Hiernach sind Marktteilnehmer verpflichtet, den in der Lieferkette nachgelagerten Marktteilnehmern und/oder Händlern die notwendigen Informationen zur Verfügung zu stellen, die belegen, dass die relevanten Rohstoffe oder Erzeugnisse der gegenständlichen Lieferkette mit der EUDR konform sind. Zu diesen Informationen gehört vor allem die Referenznummer der eingereichten Sorgfaltserklärung, die von nachgelagerten Mitgliedern der Lieferkette weitergegeben oder gespeichert wird beziehungsweise auf die sich diese – sofern die Anforderungen gegeben sind – beziehen können.

Diese Regelung stellt den Grundpfeiler für die praktische Anwendung der Verordnung dar. Sie ist zudem, neben den oben dargestellten Berichtspflichten gemäß Art. 12 Abs. 3 EUDR, Basis für eine gesteigerte Transparenz in der Lieferkette und damit für die Erreichung des Verordnungsziels. Sie ist darüber hinaus auch die Grundlage für die Privilegierung von KMU-Händlern bezüglich der erleichterten Sorgfaltspflicht gemäß Art. 5 Abs. 2–6 EUDR, da diese so an die Informationen gelangen, die sie für die Erfüllung ihrer Verpflichtungen benötigen.[212]

---

210 Herold et al, ZRFC 2024, S. 7, 10; darauf hinweisend, dass eine gemeinsame Berichterstattung von EUDR und LkSG derzeit noch nicht möglich ist, weil die Berichterstattung im LkSG (noch) auf einem spezifischen Fragenkatalog beruht, Everhardt, DB 2023, S. 2354, 2359.

211 Passas/Holtz, DB 2023, M14, M15; so auch Everhardt, DB2023, S. 2354, 2359.

212 Vgl. hierzu Kapitel 2.3.3.4.

In einigen praktischen Fällen könnte sich auf Basis des Wortlauts des Art. 4 Nr. 7 EUDR jedoch ein Problem ergeben. Gemäß dieser Regelung gilt diese Verpflichtung zur Weitergabe nur für Marktteilnehmer. Ist in der Mitte der Lieferkette ein KMU-Händler, der nicht zur Weitergabe verpflichtet ist (weil diese nur für Marktteilnehmer und gemäß Art. 5 Abs. 1 EUDR gleichbehandelte nicht-KMU-Händler gilt), stellt sich die Frage, woher nachfolgende Marktteilnehmer oder Händler, die zur Abgabe einer Sorgfaltserklärung verpflichtet sind, die Referenznummer aus der bisherigen Lieferkette erhalten sollen. Da das Gesetz hier keine Verpflichtung zur Weitergabe vorsieht, müssen Marktteilnehmer oder nicht-KMU-Händler daher dringend vertragliche Regelungen mit ihren Lieferanten treffen, dass diese die notwendigen Informationen auch weiterreichen.[213]

Alternativ bleibt abzuwarten, ob durch die EU-Kommission oder die zuständige Behörde an dieser Stelle eine Auslegungshilfe erfolgt, die aufzeigt, dass die Verpflichtung zur Weitergabe doch durch alle Glieder der Lieferkette zu erfüllen ist.

Stand jetzt, wurde dieses Problem von der EU-Kommission scheinbar erkannt, in ihren FAQ zur EUDR schreibt sie jedoch bloß vor, dass wenn ein Marktteilnehmer oder Händler nicht an diese Daten gelangen kann, die Rechtsfolge davon das Unterlassen des Inverkehrbringens betroffener Produkte sein muss.[214]

Ein Beispiel einer Lieferkette, die – vereinfacht – den Import und Vertrieb von Kaffee, der allgemein die Verpflichtungen zur Einhaltung der Sorgfaltsvorgaben, aber auch das soeben konkret dargestellte Problem aufzeigt, findet sich nachfolgend, wobei hier davon ausgegangen wird, dass die Kaffeerösterei vom nachfolgenden Einzelhändler vertraglich zur Übergabe der Informationen inklusive Referenznummer verpflichtet wurde:

213 Siehe Ruttloff/Wagner/Kappler/Schuler, BB 2024, S. 707, 711. Im Ergebnis auch Friedrich/Zimmermann, ESGZ 2024, S. 28, 29 die ein Daten- und Lieferantenmanagementsystem aufgrund der Komplexität von Lieferketten als ohnehin essenziell ansehen.

214 FAQ der EU-Kommission zur EUDR, Stand 22. Dezember 2023, Frage 24; abrufbar unter: https://circabc.europa.eu/ui/group/34861680-e799-4d7c-bbad-da83c45da458/library/e126f816-844b-41a9-89ef-cb2a33b6aa56/details, zuletzt abgerufen am 28.04.2024.

Abb. 4 Beispielübersicht Lieferkette und Sorgfaltspflichten
Quelle: eigene Darstellung

2.3.5. Vergleich der Sorgfaltspflichten gemäß EUDR mit denen nach dem LkSG

Bevor im nachfolgenden Kapitel auf die zuständige Behörde, auf Kontrollen, Sanktionen und etwaige Unterstützungsleistungen durch diese eingegangen wird, soll zunächst eine kompakte Gegenüberstellung der Sorgfaltspflichten und deren konkreten Anforderungen nach der EUDR mit denen nach dem Lieferkettensorgfaltspflichtengesetz vorgenommen werden. Dies hat einerseits den Zweck aufzuzeigen, welche Unterschiede Unternehmen, die das LkSG bereits in ihr Compliance Management System implementiert haben, beachten müssen, andererseits können hierdurch Potenziale für Synergien ausgemacht werden. Auf Unterschiede bezüglich des inhaltlichen Anwendungsbereichs der Gesetze (Umweltfokus vs. Fokus auf Menschenrechte) soll allerdings nicht weiter eingegangen werden.[215]

Der erste Unterschied lässt sich bereits bezüglich des personellen Anwendungsbereichs ausmachen. Während die EUDR einen produktbezogenen Ansatz verfolgt, die Größe des Unternehmens für die generelle Anwendbarkeit der Verordnung somit irrelevant ist, sind die konkreten Produkte für die Anwendbarkeit des LkSG nicht relevant, sondern hier bestimmen unternehmensbezogene Eigenschaften wie die Größe und die Mitarbeiterzahl über die Anwendbarkeit. Hierdurch

215 Siehe zur Fokussetzung des LkSG zB Hembach, Praxisleitfaden Lieferkettensorgfaltspflichtengesetz (LkSG), S. 108.

ergibt sich die Tatsache, dass die EUDR auch auf natürliche Personen anwendbar sein kann, was beim LkSG ausgeschlossen ist. [216]

Ferner gilt es grundsätzlich festzuhalten, dass die Sorgfaltsverpflichtungen nach der EUDR Erfolgspflichten darstellen, während das LkSG in weiten Teilen nur eine Bemühung zur Erfüllung der Sorgfaltspflichten voraussetzt.[217]

Auch findet eine Differenzierung bezüglich des Umfangs der Pflichten nur nach der EUDR statt. So ist die einzuhaltende Sorgfaltspflicht gemäß Art. 13 EUDR reduziert, wenn das Land aus dem relevante Rohstoffe oder Erzeugnisse stammen, ein vernachlässigbares Entwaldungsrisiko auf Basis des Länder-Benchmarkingsystems im Sinne des Art. 29 EUDR aufweist. Im Vergleich dazu gilt für alle unter das LkSG fallende Unternehmen stets der gleiche Maßstab an dessen Sorgfaltsverpflichtung, unabhängig von der Herkunft der Produkte innerhalb der Lieferkette.[218]

Gemein haben beide Regelungsgefüge, dass die Geltung der Normen für kleinere Unternehmen mit etwas zeitlichem Verzug stattfindet bzw. stattfand, Art. 38 Abs. 3 EUDR bzw. § 1 Abs. 1 LkSG.[219]

Die Anforderungen unterscheiden sich auch bezüglich der Tragweite der Verantwortung, die unter die Regelungen fallende Unternehmen treffen. Während das LkSG Unternehmen vor allem Verantwortung für die vorgelagerte Lieferkette aufbürdet, sieht die EUDR auch eine (gewisse) Verantwortung für die nachgelagerte Lieferkette vor, die sich insbesondere in Form einer Verpflichtung zur Weitergabe von Informationen an nachgelagerte Unternehmen manifestiert.[220]

Bezüglich der konkreten Verpflichtungen lassen sich zudem weitere Unterschiede und Gemeinsamkeiten von in den Anwendungsbereich der beiden gesetzlichen Regelungen fallenden Unternehmen ausmachen.

---

216 Vgl. Kapitel 2.3.4., so auch Ruttloff/Wagner/Kappler/Schuler, BB 2024, S. 707, 709.

217 Vgl. Kapitel 2.3.3., im Ergebnis auch Uhlig/Gillig, ESGZ 2024, S. 13, 16.

218 Hierauf ebenfalls hinweisend, Ruttloff/Wagner/Kappler/Schuler, BB 2024, S. 707, 715.

219 So auch Herold/Uhlig/Henke/Turnwald, ZRFC 2024, S. 7, 9.

220 Vgl. Kapitel 2.3.3.1. zur Informationsbeschaffung und zur Informationsweitergabe, 2.3.4.3..

So sehen beide Regelungen die Verpflichtung zur Beschaffung von Informationen und eine darauf aufbauende Risikoanalyse vor. Ferner gilt es, nach beiden die Lieferketten-Compliance betreffenden gesetzlichen Regelungen durch die Ergreifung von Maßnahmen eine Minderung eines ausgemachten Risikos herbeizuführen.[221]

Die durch Marktteilnehmer und Händler bzw. Unternehmen vorzunehmenden Erklärungen unterscheiden sich jedoch bezüglich Art und Inhalt grundlegend. Während Unternehmen gemäß EUDR produkt- bzw. rohstoffbezogene Sorgfaltserklärungen abgeben müssen (somit viele einzelne Erklärungen), handelt es sich bei der (einen) Erklärung gemäß LkSG um eine generelle, das Unternehmen und dessen Verhalten betreffende Grundsatzerklärung.[222]

Darüber hinaus treffen Unternehmen im Anwendungsbereich beider Regelungen Dokumentations- und Aufbewahrungspflichten, wobei die Aufbewahrungsfrist gemäß EUDR nur fünf statt sieben Jahre beträgt, Art. 12 Abs. 5 EUDR bzw. § 10 Abs. 1 LkSG.

Weiterhin wird eine jährliche Berichterstattung von beiden Regelungsgefügen verlangt, Art. 12 Abs. 3 EUDR bzw. § 10 Abs. 2 LkSG.

Zudem ist als Unterschied festzuhalten, dass die EUDR keine Einrichtung einer Meldestelle zur direkten Platzierung von Verstößen des Unternehmens vorsieht, wie dies gemäß § 8 LkSG oder aber auch bspw. nach dem Hinweisgeberschutzgesetz der Fall ist.

Nachfolgendem Kapitel vorwegnehmend, soll hier bereits betont werden, dass die EUDR wie auch das LkSG diverse Sanktionen vorsehen. Diejenigen nach Maßgaben der EUDR gehen aber über die des LkSGs spürbar hinaus. Besonders hervorzuheben ist – neben monetären Sanktionen – das Reputationsrisiko, das sich aus Art. 25 Abs. 3 EUDR ergibt, welcher vorsieht, dass die EU-Kommission Verstöße gegen die EUDR listenmäßig mitsamt Unternehmensbezeichnung veröffentlicht.[223]

---

221 Ruttloff/Wagner/Kappler/Schuler, BB 2024, S. 707, 715; relevante Normen sind hier Art. 9, 10 und 11 EUDR bzw. § 4 und 5 LkSG.

222 Art. 4 Abs. 2 EUDR bzw. § 6 Abs. 3 LkSG, so auch Ruttloff/Wagner/Kappler/Schuler, BB 2024, S. 707, 715.

223 Siehe Kapitel 2.4.3.2, hierauf weisen auch Ruttloff/Wagner/Kappler/Schuler, BB 2024, S. 707, 716 hin.

2.4. Behörden, Kontrollen, Sanktionen und Unterstützung

Die Regelungen der EUDR gilt es, durch eine zuständige nationale Behörde auf deren Einhaltung zu prüfen. Werden bei Kontrollen Verstöße festgestellt, bedarf es diverser Maßnahmen zur Ahndung. Auch sieht die EUDR unterstützende Maßnahmen für Marktteilnehmer und Händler vor. Hierauf wird nachfolgend eingegangen. Dies geschieht allerdings ausschließlich aus der Perspektive der Unternehmen, um ein Verständnis für etwaige Folgen eines Fehlverhaltens zu entwickeln. Es soll explizit nicht detailliert die Arbeit der zuständigen Behörde aufgezeigt werden, die – neben den Sanktionsregelungen – insbesondere in den Art. 14 ff. EUDR geregelt sind.[224]

2.4.1. Zuständige Behörde

Gemäß Art. 14 EUDR haben die Mitgliedstaaten bis zum 30. Dezember 2023 eine oder mehrere Behörden zu benennen, die national für die Umsetzung der Verordnung zuständig sind. Weiterhin werden die Mitgliedstaaten verpflichtet, der Behörde die notwendigen Befugnisse und Ressourcen wie auch eine funktionale Unabhängigkeit einzuräumen.

Als zuständige Behörde in Deutschland wurde, wie auch schon für die Durchsetzung von EUTR und HolzSiG,[225] die Bundesanstalt für Landwirtschaft und Ernährung (kurz: BLE) mit Sitz in Bonn ausgemacht. Die rund 1.700 Mitarbeiterinnen und Mitarbeiter der BLE sind insbesondere in den Bereichen Agrarwirtschaft, Fischerei und Ernährung tätig und agieren als Kontroll- und Zertifizierungsinstanz.[226] Bezüglich der EUDR agiert die BLE somit als zuständige Marktaufsichtsbehörde in Deutschland.

---

224 Etwa bezüglich der Zusammenarbeit mit anderen Behörden gemäß Art. 21 und 27, insb. den nationalen Zollbehörden bei Im- und Exporten gemäß Art. 26 oder der Berichterstattungspflicht der Behörde gemäß Art. 22 EUDR.

225 Siehe § 1 Abs. 2 HolzSiG.

226 Website Bundesanstalt für Landwirtschaft und Ernährung, https://www.ble.de/DE/BLE/ble_node.html;jsessionid=ACD1B70C06D80E42B162898FE21A9838.internet992, zuletzt abgerufen am 28.04.2024.

2.4.2. Möglichkeiten der Kontrolle durch die BLE

Die Legitimation (und Verpflichtung) zur Durchführung von Kontrollen in ihrem Zuständigkeitsgebiet erhält die BLE auf Basis von Art. 16 Abs. 1 EUDR. Gegenstand dieser Kontrollen ist die Sicherstellung, dass relevante Rohstoffe oder Erzeugnisse, die in Deutschland in den Verkehr gebracht, auf dem Markt bereitgestellt oder ausgeführt werden, den Regelungen der EUDR entsprechen.

Bei der Umsetzung der Kontrollverpflichtung soll ein risikobasierter Ansatz angewendet werden.[227] Basis hierfür ist gemäß Art. 16 Abs. 3 EUDR, neben den Angaben, die Unternehmen bei ihrer Sorgfaltserklärung angeben und bei der Erfüllung ihrer Berichtspflichten kommunizieren, erneut das von der EU-Kommission initiierte und betreute Benchmarking-System nach Art. 29 Abs. 1 EUDR. Darüber hinaus können weitere Informationen wie Überwachungsdaten, geäußerte Bedenken Dritter i. S. d. Art. 31 EUDR, Schlussfolgerungen der Sachverständigengruppe der EU-Kommission, aber auch Risikoprofile internationaler Organisationen herangezogen werden.

Die Durchführung erfolgt systematisch auf Grundlage eines Jahresplanes und eines durch den europäischen Gesetzgeber vorgegebenen %-Satzes der verschiedenen Marktteilnehmer, abhängig von dem anzunehmenden Risiko, dass bei diesen Unternehmen nicht nur entwaldungsfreie Produkte gehandelt werden, Art. 16 Abs. 5, Abs. 8–10 EUDR. Hiernach ist die zuständige Behörde verpflichtet, Kontrollen in nachfolgendem Umfang gemäß ebenfalls nachfolgender Risiko-Einstufung durchzuführen:

- mindestens 3 % der Marktteilnehmer, bei denen ein normales Risiko festgestellt wurde;
- mindestens 9 % der Marktteilnehmer, bei denen ein hohes Risiko festgestellt wurde;
- mindestens 1 % der Marktteilnehmer, bei denen ein geringes Risiko festgestellt wurde.[228]

---

227 ErwG. 70 EUDR.

228 Zu den hier angeführten Prozentsätzen und die sich daraus möglicherweise ergebende Problematik, siehe Kapitel 2.5.6.

Die Kontrollen haben ohne Ankündigung zu erfolgen, Art. 16 Abs. 13 EUDR und werden nach Abs. 14 von der zuständigen Behörde protokolliert und für 10 Jahre dokumentiert.

Der genaue Umfang der Kontrollen ergibt sich aus Art. 18 und 19 EUDR. Hierbei wird erneut differenziert zwischen Marktteilnehmern und (nicht-KMU-)Händlern einerseits sowie KMU-Händlern andererseits.

Gemäß Art. 18 EUDR müssen sich Erstere auf Kontrollen einstellen, die folgende Kriterien enthalten:
- Prüfung der Sorgfaltspflichtregelung, inklusive der etablierten Verfahren zur Risikobewertung und etwaigen Minderungsmaßnahmen sowie der dazugehörigen Dokumentationen;
- Prüfung von Unterlagen und Aufzeichnungen, die bestätigen, dass die vom Unternehmen in den Verkehr gebrachten oder bereitgestellten Produkte den Anforderungen der EUDR entsprechen, inklusive der im Einzelfall angewendeten Maßnahmen zur Reduzierung etwaiger Risiken und der eingereichten Sorgfaltserklärung.

Ferner können, vor allem in Fällen, in denen bei Prüfung der obenstehenden Punkte Fragen aufkamen, folgende Prüfungen erfolgen und Maßnahmen gemäß Art. 18 Abs. 2 a)–e) EUDR ergriffen werden:
- Die Übereinstimmung von relevanten Rohstoffen oder Erzeugnissen mit den Angaben in den die Sorgfaltspflicht betreffenden Unterlagen (vor Ort Prüfung);
- Die Prüfung von im Vorhinein aufgetragenen Korrekturmaßnahmen i. S. d. Art. 24 EUDR;
- Anwendung von Verfahren und Analysen zur Bestimmung von Art und der genauen Herkunft relevanter Rohstoffe und Erzeugnisse;
- Anwendung von Verfahren und Maßnahmen, die geeignet sind, festzustellen, ob die gegenständlichen Rohstoffe und Erzeugnisse entwaldungsfrei sind. In Frage kommen hier technische und wissenschaftliche Mittel, die insbesondere Erdbeobachtungsdaten enthalten, die beispielsweise von der noch einzurichtenden EU-Beobachtungsstelle für Entwaldung und Waldschädigung[229] stammen können;

229 Siehe zur Beobachtungsstelle ErwG. 31 EUDR.

– Allgemeine Stichprobenkontrollen vor Ort (im Inland und auch in Drittländern).

Auch hierbei soll die Behörde einen risikobasierten Ansatz anwenden. Kriterien sind in diesem Fall das generelle Risiko für Entwaldung im Erzeugerland der betroffenen Rohstoffe und Erzeugnisse, aber auch Faktoren wie bisherige Verstöße.[230]

Für KMU-Händler gilt gemäß Art. 19 EUDR hingegen eine weniger invasive und tiefgreifende Prüfung. Dort soll, sofern nicht ungeklärte Fragen aufkommen, nur eine Prüfung von Unterlagen und Aufzeichnungen erfolgen, die die Einhaltung der Anforderungen gemäß Art. 5 Abs. 2–4 EUDR, somit die Verpflichtung zur Sammlung und Speicherung von Lieferanten und Kunden, belegen.

Unbeschadet voranstehend dargestellter planmäßiger Kontrollen, kann die BLE jederzeit Kontrollen durchführen, sofern sie von einem potenziellen Verstoß gegen die Verordnung Kenntnis erlangt. Diese Kenntnis kann auch durch Bedenken Dritter im Sinne des Art. 31 EUDR erlangt werden, Art. 16 Abs. 12 EUDR.

Die Verordnung ermächtigt die BLE ferner, Kosten für erfolgreiche Kontrollen den Unternehmen zu belasten, Art. 20 Abs. 1 EUDR. In welchem Rahmen und inwiefern das auf Unternehmen zukommt, lässt sich zum Zeitpunkt des Verfassens dieses Werkes noch nicht sagen.

Als Sonderfall für Marktteilnehmer, die Produkte in der EU in Verkehr bringen oder solche aus dieser exportieren, sei noch darauf hinzuweisen, dass im Rahmen der Zollkontrolle die jeweils zuständige Zollbehörde (in Kooperation mit der BLE) Verantwortung für Kontrollen und Prüfungen trägt, Art. 26 Abs. 3 EUDR.

Zusammenfassend lässt sich festhalten, dass es für Marktteilnehmer, Händler und KMU-Händler im Rahmen ihrer Lieferketten-Compliance zu bedenken gilt, dass jederzeit unangekündigte Kontrollen durch die BLE durchgeführt werden können. Es gilt, sich entsprechend darauf vorzubereiten, optimalerweise, indem die ggf. benötigten Informationen im Rahmen eines CMS direkt erfasst und abgelegt werden.

---

230 ErwG. 71 EUDR.

2.4.3. Sanktionen und Maßnahmen

Werden nun durch die BLE potenzielle oder tatsächliche Verstöße festgestellt, kann dies verschiedene Maßnahmen gegen und Sanktionen für das betroffene Unternehmen bedeuten.

Grundsätzlich muss hier unterschieden werden zwischen den vorläufigen, verdachtsbegründeten Maßnahmen nach Art. 17 EUDR einerseits und einstweiligen begründeten Maßnahmen, Korrekturmaßnahmen sowie Sanktionen gemäß Art. 23, 24 und 25 EUDR andererseits. Hinzu kommt die Berichterstattung nach Art. 22 Abs. 1 EUDR durch die zuständigen Mitgliedstaaten, die genau genommen keine Sanktion oder Korrekturmaßnahme darstellt, dennoch negative Auswirkungen auf gegen die EUDR verstoßende Unternehmen haben kann.

2.4.3.1. Vorläufige Maßnahmen

Art. 17 Abs. 1 EUDR berechtigt die zuständige Behörde (die BLE) zur Ergreifung von vorläufigen Maßnahmen nach Art. 23 EUDR, sollte im Rahmen der behördenseitigen Risikoanalyse der Sorgfaltserklärungen von Marktteilnehmern oder Händlern ein hohes Risiko von Verstößen gegen Art. 3 EUDR angenommen werden und die Behörde sofortigen Handlungsbedarf sehen.[231]

Art. 23 EUDR sieht eine Aussetzung des Inverkehrbringens oder der Bereitstellung von relevanten Erzeugnissen vor. Diese Aussetzung ist zeitlich befristet auf drei Arbeitstage, bei verderblichen Waren auf 72 Stunden und kann einmal um weitere drei Tage verlängert werden, sollte die Prüfung des Sachverhalts nicht im erstgenannten Zeitraum abgeschlossen werden können. Gleiches Vorgehen gilt analog für den Im- oder Export, in diesem Fall informiert die zuständige Behörde die wiederum zuständige Zollbehörde, Art. 17 Abs. 3 S. 2 EUDR.

Ist das Ergebnis auf Basis dieser Prüfung, dass kein Verstoß vorliegt, wird die Ware wieder freigegeben. Liegt ein Verstoß vor, erfolgt eine Behandlung von Produkt und Marktteilnehmer nach Art. 23, 24, 25 EUDR.

---

231 Siehe hierzu ErwG. 71 f. EUDR.

2.4.3.2. Maßnahmen und Sanktionen

Grundsätzlich sieht Art. 23 der EUDR vor, dass die zuständigen Behörden im Rahmen einstweiliger Maßnahmen Beschlagnahmungen, Aussetzungen des Inverkehrbringens oder der Bereitstellung auf dem Markt, wie auch die Aussetzung der Ein- oder Ausfuhr relevanter Rohstoffe oder Erzeugnisse anwenden können. Voraussetzung hierfür sind Anhaltspunkte, wie ein erkannter Verstoß bei der Prüfung von Nachweisen oder bei anderweitig vorliegenden Informationen, aber auch Ergebnisse von Kontrollen i. S. d. Art. 10 und 18 EUDR. Darüber hinaus ist die Feststellung von Risiken auf Basis von Informationen aus dem Informationssystem (Art. 33 EUDR) als Grundlage für die Ergreifung einstweiliger Maßnahmen geeignet.

Daneben obliegt es der zuständigen Behörde, wenn relevante und mit der Verordnung nicht konform gehende Rohstoffe oder Erzeugnisse bereits in Verkehr gebracht wurden, *„unverzüglich geeignete und verhältnismäßige Korrekturmaßnahmen zu ergreifen, um den Verstoß innerhalb einer festgelegten, angemessenen Frist zu beenden“,* Art. 24 Abs. 1 EUDR.

Bei diesen Maßnahmen kann es sich um verschiedene Tätigkeiten handeln, die das Unternehmen vornehmen muss. So kann die Behörde die Behebung von formellen Verstößen verlangen, sie kann den Marktteilnehmer oder Händler daran hindern, dass er das betroffene Erzeugnis in den Verkehr bringt, ausführt oder auf dem Markt bereitstellt. Darüber hinaus kann sie ihn zur Rücknahme vom Markt oder zu einem umgehenden Rückruf verpflichten, alternativ auch zu einer Spende der betroffenen Waren zum Zwecke des Allgemeinwohls (gemeinnützige oder im öffentlichen Interesse liegende Zwecke) auffordern. Das Konstrukt des Rückrufs allein aufgrund einer formellen Nicht-Konformität mit einer gesetzlichen Regelung ist neu im deutschen Recht und verdeutlicht die Ernsthaftigkeit des Gesetzgebers bezüglich der Zielerreichung der Verordnung. Bis dato war diese Maßnahme für Fälle vorbehalten, in denen tatsächliche Sicherheitsrisiken für Dritte bestanden. Ebenso im deutschen Rechtssystem bisher nicht vorzufinden, ist die Maßnahme der zwangsweisen Spende.[232]

232 Martin/Madejska, ZfPC 5/2023, S. 202, 208.

Neben vorgenannten Maßnahmen besteht auch die Möglichkeit zur Aufforderung zur Entsorgung, Art. 24 Abs. 2 a)–d) EUDR, wenn auch dies aus Nachhaltigkeitsgesichtspunkten nur im Ausnahmefall Anwendung finden sollte.[233]

Lässt der Marktteilnehmer oder Händler die von der Behörde gesetzte Frist verstreichen, ist die Behörde berechtigt, alle ihr „*gemäß dem Recht des betreffenden Mitgliedstaats zur Verfügung stehenden Mittel*" zu ergreifen, Art. 24 Abs. 4 EUDR.

Neben den in der EUDR geregelten, vorgenannten Maßnahmen, verpflichtet Artikel 25 Abs. 1 und 2 EUDR die Mitgliedstaaten zum Erlass von Vorschriften über Sanktionen, die ihrerseits „*wirksam, verhältnismäßig und abschreckend*" sein müssen.

Zu den von den Mitgliedstaaten umzusetzenden Sanktionen gehören:

1. Geldstrafen und Geldbußen, die verhältnismäßig vor dem Hintergrund des verursachten Umweltschadens und dem Wert der relevanten Rohstoffe und Erzeugnisse sind. Verhältnismäßig ist eine Geldstrafe, wenn der Gewinn aus dem Verstoß abgeschöpft wird, zudem eine Erhöhung bei wiederholten Verstößen vorgenommen wird. Ist der Verstoßende eine juristische Person, ist als Höchstbetrag mindestens 4 % des unionsweiten Jahresnettoumsatzes anzusetzen;
2. Die Einziehung von relevanten Erzeugnissen;
3. Die Einziehung der Einnahmen aus Geschäften, die mit unzulässigen Erzeugnissen generiert wurden;
4. Ein Ausschluss von Vergabeverfahren über maximal 12 Monate;
5. Im Falle eines schweren oder wiederholten Verstoßes ein vorübergehendes Verbot, relevante Rohstoffe in den Verkehr zu bringen, auf dem Markt bereitzustellen oder auszuführen;
6. Ebenfalls im Falle eines schwerwiegenden oder wiederholten Verstoßes, ein Verbot, die vereinfachte Sorgfaltspflicht im Sinne des Art. 13 EUDR anzuwenden, Art. 25 Abs. 2 a)–f) EUDR.

Darüber hinaus sieht Art. 25 Abs. 3 EUDR vor, dass die Mitgliedstaaten der Kommission rechtskräftige Urteile, in wie oben dargestellt ge-

233 So auch Harings/Hörnig, AW-Praxis 2023, S. 435, 437.

lagerten Fällen, übersenden, mit dem Zweck, diese unter Nennung der juristischen Person, des Sachverhalts, der endgültigen Entscheidung samt Nennung der Sanktion, listenartig auf der Website der EU-Kommission zu veröffentlichen. Dies kommt einer Prangerwirkung gleich.

Interessant ist in diesem Zusammenhang, dass entsprechende Untersuchungen, die in vorgenannten Urteilen und Veröffentlichungen enden können, auch durch die Meldung von begründeten Bedenken gemäß Art. 31 EUDR i. V. m. Art. 23 a) EUDR durch Interessenverbände und/ oder Wettbewerber angestoßen werden können – und vermutlich auch angestoßen werden sollen.[234]

Die Einrichtung oder gemeinsame Nutzung einer Meldestelle zur direkten Meldung von Verstößen bei Unternehmen, wie beispielsweise im LkSG, der CS3D oder nach dem Hinweisgeberschutzgesetz, ist nicht vorgesehen.

2.4.3.3. Berichterstattung durch die Mitgliedstaaten

Weiterhin sieht Art. 22 EUDR vor, dass die Mitgliedstaaten einmal jährlich zum 30. April der Öffentlichkeit wie auch der EU-Kommission einen Bericht über die Anwendung der EUDR zur Verfügung stellen.

Für Unternehmen besonders relevant ist die Verpflichtung der Mitgliedstaaten nach Art. 22 Abs. 1 b) EUDR, Ergebnisse der Kontrollen darzustellen, inklusive Ausführungen zu den begangenen Verstößen. Hinzu kommt gemäß Buchstabe d) auch die Nennung von Korrekturmaßnahmen und Sanktionen.

Der Wortlaut des Art. 22 EUDR präzisiert nicht, ob diese Berichte anonymisiert werden sollen oder ob die betroffenen Marktteilnehmer und Händler namentlich aufgeführt werden. Erwägungsgrund 75 sowie Art. 25 Abs. 3 EUDR der Verordnung sehen – wie oben dargestellt – aber vor, dass die EU-Kommission auf ihrer Website eine Liste derjenigen juristischen Personen führt, gegen die endgültige Urteile aufgrund eines Verstoßes gegen die EUDR verhängt wurden. Dies diene der Erhöhung der Rechenschaftspflicht, könne ferner für die zu-

234 Harings/Hörnig, AW-Praxis 2023, S. 435, 438.

ständigen Behörden, Marktteilnehmer und Händler hilfreich bei der Risikobewertung sein.

Aufgrund vorgenannter Tatsache, ist anzunehmen, dass auch der Bericht nach Art. 22 EUDR die juristischen Personen samt Korrekturmaßnahmen und Sanktionen namentlich aufführt.

Dies hat zur Folge, dass Unternehmen neben spürbaren (finanziellen) Sanktionen direkter Natur, nämlich durch Geldstrafe oder Geldbuße oder indirekter Natur durch den Ausschluss von Vergabeverfahren, aufgrund eines zeitlich beschränkten Verbots relevante Rohstoffe oder Erzeugnisse in Verkehr zu bringen, auf dem Markt bereitzustellen oder auszuführen, auch durch die namentliche Veröffentlichung der Unternehmen gemäß Art. 25 Abs. 3 EUDR und durch die Berichtspflicht nach Art. 22 EUDR mit einer Belastung ihrer Außendarstellung rechnen müssen. Neben den für Unternehmen negativen Aspekten, dürfte sich dies aus der Perspektive des Gesetzgebers motivierend auf die unternehmensseitigen Bestrebungen zur Einhaltung der Verordnung auswirken.

2.4.4. Unterstützung der Marktteilnehmer durch die Mitgliedstaaten und die EU-Kommission

Die Mitgliedstaaten sollen jedoch nicht nur Behörden ernennen, die kontrollieren und sanktionieren. Vielmehr sollen durch die Mitgliedstaaten und die EU-Kommission auch Unterstützungsleistungen für Marktteilnehmer und Händler angeboten werden, Art. 15 Abs. 1, Abs. 5 EUDR. Auch soll hiernach, insbesondere für KMU-Marktteilnehmer und Kleinstunternehmen, Unterstützung bei der Verwendung des Informationssystems gemäß Art. 33 EUDR zu finden sein.

2.4.4.1. Das Informationssystem

Dieses Informationssystem soll bis zum 30. Dezember 2024 einsatzfähig sein und wird durch die EU-Kommission bereitgestellt. Zugriff erhalten sollen zuständige Behörden, Zollbehörden, aber auch Marktteilnehmer und Händler (inklusive Bevollmächtigte), Art. 33 Abs. 4 EUDR. Darüber hinaus soll jedermann die Möglichkeit des Zugriffs auf anonymisierte Daten aus dem Informationssystem erhalten, Art. 33

Abs. 5 EUDR. Interessant dürften diese Informationen insbesondere für NGOs, Interessenverbände und Wettbewerber sein.

Sinn und Zweck des Systems ist aber die *„wirksame und effiziente Umsetzung und Durchsetzung“* der Verordnung.[235]

Die grundsätzlichen Funktionen dieses Systems sollen gemäß Art. 33 Abs. 2 EUDR sein:

1. Plattform zur Registrierung von Marktteilnehmern, Händlern und deren Bevollmächtigten;
2. Annahmestelle für Sorgfaltserklärungen im Sinne des Art. 4 Abs. 2 EUDR inklusive der Möglichkeit zur Übermittlung der Referenznummer bereits eingereichter Erklärungen;
3. Plattform zum Abruf von Referenznummern für hinterlegte Sorgfaltserklärungen i. S. d. Art. 4 Abs. 8 und 9 EUDR;
4. Ein Datenexport und die Möglichkeit der Umwandlung von Daten zur Ermittlung von Geolokalisierungen;
5. Registrierungsstelle für Ergebnisse behördlicher Kontrollen von Sorgfaltserklärungen;
6. Schnittstelle für Zollbehörden;
7. Plattform mit unterstützenden Informationen für die Erstellung von Risikoprofilen durch die zuständigen Behörden zum Zwecke der Erstellung des jährlichen Kontrollplans;
8. Grundlage für eine erleichterte Zusammenarbeit verschiedener Behörden untereinander und mit der EU-Kommission;
9. Unterstützungsleistung bei der Kommunikation zwischen zuständiger Behörde und Marktteilnehmern sowie Händlern, sofern dies die Durchführung der EUDR betrifft.

2.4.4.2. FAQ und Guidelines

Zu den weiteren Unterstützungsleistungen gehört einerseits die Veröffentlichung von Guidelines beziehungsweise Leitlinien durch die EU-Kommission, die bei der Auslegung von Begrifflichkeiten und

---

235 ErwG. 62 EUDR.

Regelungen der EUDR helfen sollen,[236] andererseits soll die EU-Kommission auch den Informationsaustausch zwischen Behörden erleichtern, was sich positiv auf Verfahren zwischen Marktteilnehmer und zuständiger Behörde auswirken kann, Art. 15 Abs. 5 EUDR.

Bezüglich der Leitlinien bleibt zu hoffen, dass diese eine tatsächliche Hilfestellung bei der Umsetzung der Verordnung bilden werden und nicht bloß Nachschärfungen der Regelungen darstellen, die aber keine Erläuterung oder Anwendungshilfen der vorhandenen offenen Fragen bieten.[237]

Daneben sollen „best practices" veröffentlicht werden, anhand derer sich Marktteilnehmer bei der Umsetzung der Regelung der EUDR orientieren können.[238] Des Weiteren werden „worst practices" in Form von auf der Website der EU-Kommission auffindbaren Entscheidungen gegen Unternehmen bald nach Geltungsbeginn der unternehmensseitigen Verpflichtungen vorzufinden sein.

2.4.4.3. Die EU-Beobachtungsstelle

Gemäß Erwägungsgrund 31 der EUDR will die EU-Kommission eine Beobachtungsstelle für Entwaldung, Waldschädigung und die Veränderung des Waldzustandes „baldmöglichst" einrichten. Hier sollen zuständige Behörden, aber auch Marktteilnehmer und Händler wichtige Informationen für die Erfüllung ihrer durch die EUDR auferlegten Pflichten erhalten. Notwendig dürfte auch das Angebot von Schulungen sein, das den mit der Umsetzung der Vorgaben der EUDR im Unternehmen betrauten Mitarbeitern Know-How liefert, wie genau auf Basis der hier bereitgestellten Informationen Entwaldung erkannt werden kann.

Zu diesen Informationen gehören Landnutzungskarten und Zeitreihen, auf deren Basis Veränderungen des Waldes beobachtet und dokumentiert werden können. Grundlage für die Informationen sollen Auf-

---

236 Vgl. ErwG. 56 EUDR.

237 So bspw. geschehen bei der CSR-Richtlinie, die im Jahr 2017 und 2019 um Leitlinien ergänzt wurde, die in der Praxis allgemein als wenig hilfreich eingestuft wurden, vgl. Sopp/Baumüller/Scheid, Nachhaltigkeitsberichterstattung, S. 20.

238 Giesberts/Fink, KlimaRZ 2023, S. 176, 180.

nahmen aus Überwachungsinstrumenten, wie etwa dem Copernicus Projekt[239], aber auch Informationen aus anderen öffentlich oder privat verfügbaren Quellen sein.

Ferner ist angedacht, dass im Rahmen dessen ein Frühwarnsystem implementiert wird, das Behörden aber auch Unternehmen informiert, wenn waldschädigende Aktivitäten in bestimmten Regionen ausgemacht werden.

Es bleibt festzuhalten, dass neben den bereits abrufbaren und durch die EU-Kommission weiter zu aktualisierenden FAQ[240] zur Anwendung der EUDR, auch die noch zu erwartenden Guidelines und „best practices“ eine relevante Unterstützung bei der praktischen Anwendung der Verordnung darstellen dürften und bei der Einrichtung und Anpassung von Prozessen zur Einhaltung der Lieferketten-Compliance helfen werden. Sehr hilfreich dürften die Informationen der EU-Beobachtungsstelle bei der Überprüfung der Entwaldungsfreiheit sein, Voraussetzung hierfür ist jedoch, dass diese Plattform rechtzeitig einsatzbereit ist.

2.5. Praktische Herausforderungen und Lösungsansätze

Im Verlauf dieses Praxisleitfadens ist bereits an der ein oder anderen Stelle angeklungen, dass durch die Verordnung mit besonderen Herausforderungen bei der praktischen Umsetzung zu rechnen ist. Es stehen seitens der Verbände aber auch bspw. seitens der Agrarminister der EU-Mitgliedstaaten verschiedene Forderungen gegenüber der EU-Kommission im Raum, die von einer Verschiebung des Geltungsbeginns über die Einführung von Bagatellgrenzen bis hin zu Ausnahmeregelungen für die Mitgliedstaaten sprechen.[241]

239 Siehe hierzu Anhang 3 Nr. 4.

240 FAQ der EU-Kommission zur EUDR, Stand 22. Dezember 2023, abrufbar unter: https://circabc.europa.eu/ui/group/34861680-e799-4d7c-bbad-da83c-45da458/library/e126f816-844b-41a9-89ef-cb2a33b6aa56/details, zuletzt abgerufen am 28.04.2024.

241 Siehe Koch, v. 28.03.2024, https://www.forstpraxis.de/entwaldung-mehrheit-will-buerokratie-monster-stoppen-22858, zuletzt abgerufen am 28.04.2024,

Während an manchen Stellen schon kurz auf einige dieser Punkte eingegangen wurde, sollen nachfolgend weitere Aspekte dieser Art dargestellt und sofern möglich, auch Lösungsansätze formuliert werden.

2.5.1. Abhängigkeit von Informationen aus der Lieferkette

Wie in Kapitel 2.3.3.1. zu den Informationsanforderungen erläutert, stellt die Anforderung an die Beschaffung der Informationen gemäß Art. 9 EUDR eine große Herausforderung für Unternehmen dar. Problematisch ist hier die Tiefe der Lieferkette, wie auch die Art der Informationen selbst (insbesondere Geolocation-Daten). Details hierzu, wie auch Lösungsansätze, wurden an besagter Stelle angeführt.

2.5.2. Ungewissheit zum Status Quo am 30. Dezember 2024 und erwarteter Aufwand

Eine weitere Herausforderung stellt die Ungewissheit dar, mit welchen konkreten Anforderungen am 30. Dezember 2024 im Detail zu rechnen ist. Zwar sind die Regelungen der EUDR frühzeitig bekannt, weitere Informationen, etwa Guidelines der EU-Kommission oder aber der jeweils national zuständigen Behörden mit Details zur Anwendung der EUDR sind zwingend notwendig, liegen aber noch nicht vor.[242]

Nach aktuellen Medienberichten, die sich auf das „Nationale Stakeholdertreffen" des Bundeslandwirtschaftsministeriums am 27. Februar 2024 beziehen, kann mit folgendem Zeitplan[243] gerechnet werden:

---

so auch der Medienverband der freien Presse (MVFP), v. 14.03.2024, https://www.mvfp.de/nachricht/artikel/spitzenverbaende-warnen-vor-unkalkulierbaren-risiken-der-entwaldungs-verordnung-und-fordern-entschaerfung, zuletzt abgerufen am 28.04.2024.

242 Hierauf hinweisend: Giesberts/Fink, KlimaRZ 2023, S. 169, 180.

243 Eine Timeline der Schritte ab Erscheinen dieses Werkes bis hin zum Geltungsbeginn der Regelungen für Unternehmen findet sich in Anhang IV dieses Leitfadens.

1. Ende März sollten die vorhandenen FAQ[244] der EU-Kommission ein Update erfahren. Dies ist Stand Ende April 2024 jedoch noch nicht erfolgt;
2. Ende Mai will die EU-Kommission Leitlinien zur Anwendung EUDR veröffentlichen;
3. Im Mai 2024 sollen technische Spezifikationen für eine Schnittstellenanbindung des Informationssystems veröffentlicht werden;
4. Eine Registrierung für das Informationsportal soll ab Mitte November möglich sein, Eintragungen können sodann einen Monat später, ab Mitte Dezember und somit 14 Tage vor Geltungsbeginn der Regelungen, vorgenommen werden;
5. Auch das deutsche Umsetzungsgesetz, das weitere Details für die Anwendung der Verordnung in Deutschland regeln wird, soll in Kürze ins Konsultationsverfahren gehen.[245]

Seitens der Wirtschaft wurde bereits vor dieser Meldung geäußert, dass eine frühzeitige Möglichkeit, sich mit dem System vertraut zu machen wünschenswert, wenn nicht gar notwendig wäre.[246]

Dieser Wunsch scheint – mit der geplanten Verfügbarkeit des Systems für Eintragungen 14 Tage vor Geltungsbeginn der Regelungen – nun nicht erfüllt zu werden, was jedoch dem eigentlichen Willen des Gesetzgebers entgegensteht, der in Erwägungsgrund 86 vorsieht, dass Marktteilnehmer, Händler und auch die zuständigen Behörden einen angemessenen Zeitraum zur Vorbereitung auf die Anforderungen der EUDR eingeräumt bekommen.

Auch das Thema der Schnittstellenanbindung an das Informationsportal bereitet betroffenen Unternehmen Sorge. So wird in einem gemeinsamen Schreiben von deutschen Lebensmittelverbänden kritisiert,

244 Siehe: FAQ der EU-Kommission zur EUDR, Stand 22. Dezember 2023, abrufbar unter: https://circabc.europa.eu/ui/group/34861680-e799-4d7c-bbad-da83c45da458/library/e126f816-844b-41a9-89ef-cb2a33b6aa56/details, zuletzt abgerufen am 28.04.2024.

245 Falker, Zeitplan zur VO „Entwaldungsfrei“, LebensmittelZeitung v. 01.03.2024, S. 24.

246 Falker, Entwaldungsfrei-VO sorgt für Chaos, LebensmittelZeitung v. 26.01.2024, S. 20.

dass bei einer manuellen Anlage von Sorgfaltserklärungen im Informationssystem ein enorm hoher zeitlicher Aufwand entstünde. Dieser wird auf drei Monate Arbeitszeit einer Vollzeitkraft für einen mittelständischen Rohkaffeeimporteur pro Jahr geschätzt,[247] was mit dem oben angeführten Zeitfenster nicht zu vereinbaren ist. Dieser Aufwand dürfte sich vor allem aufgrund dessen ergeben, dass bei Rohstoffen, die als Schüttgut, also in Form einer Vermischung von verschiedenen Chargen (wie Kaffee), transportiert und geliefert werden, die Herkunft in Form der Location-Daten aller enthaltenen Grundstücke in das System eingetragen werden muss, was schnell eine dreistellige Anzahl an Angaben ausmachen kann.[248]

Eine funktionierende Schnittstelle dieses Systems, die eine automatisierte Einspielung von Informationen ermöglicht, ist somit unerlässlich für eine praktikable Umsetzung der EUDR durch die Unternehmen.[249]

Hinzu komme, dass an vielen Stellen nicht klar sei, was die zuständige Behörde genau erwarte. Dies bezieht sich vor allem auf die Auslegung der Worte *„angemessen schlüssige und überprüfbare Informationen"*, die in Art. 9 Abs. 1 g) und h) als Anforderungen an die Informationen zur Entwaldungsfreiheit verwendet werden. Ohne Details zu den konkreten Anforderungen an die zu beschaffenden Informationen,[250] könne von der Wirtschaft nicht erwartet werden, dass diese Investitionen vornähme, um EUDR-konform zu handeln.[251]

247 Gemeinsame Pressemitteilung, u. a. des Dt. Bauernverbandes, EU-Verordnung Entwaldungsfreie Lieferketten: Agrar- und Ernährungswirtschaft rechnet mit massiven Belastungen, v. 16.01.2024,https://www.bauernverband.de/fileadmin/user_upload/dbv/pressemitteilungen/2024/KW_03/EUDR-_Finale_PM_Verba__ndeallianz_16.01.2024.pdf, zuletzt abgerufen am 28.04.2024.

248 Hierauf hinweisend Hörnig, CB 4/2024, S. 119, 123.

249 Falker, EU-Kommission auf dem Holzweg, LebensmittelZeitung v. 08.03.2024, S. 2.

250 Hier wird auf oben bereits erläuterte Ungewissheiten bei der Auslegung verschiedener Begriffe hingewiesen werden. S. Kapitel 2.3.3.1. zu den Anforderungen an „angemessen schlüssigen und überprüfbaren Informationen" i. S. d. Art. 9 Abs. 1 g) und h) EUDR.

251 Gemeinsame Pressemitteilung, u. a. des Dt. Bauernverbandes, EU-Verordnung Entwaldungsfreie Lieferketten: Agrar- und Ernährungswirtschaft rechnet mit massiven Belastungen, v. 16.01.2024,https://www.bauernverband.de/fileadmin/user_upload/dbv/pressemitteilungen/2024/KW_03/EUDR-_Finale_PM_Verba__ndeallianz_16.01.2024.pdf, zuletzt abgerufen am 28.04.2024.

Auch bei der Einstufung von Ländern in die Risikoklassen herrscht Präzisierungs- und Handlungsbedarf. Wann genau das Risiko, dass ein Produkt nicht entwaldungsfrei ist, als vernachlässigbar einzustufen ist, geht aus dem Text der EUDR nicht hervor und muss durch die BLE konkretisiert werden.[252] Auch ist problematisch, dass die EU-Kommission noch immer keine Klassifizierung relevanter Ursprungsländer von potenziell entwaldungsbehafteten Rohstoffen und Erzeugnissen vorgenommen hat. Dies hat – wie oben[253] aufgezeigt – zur Folge, dass alle Länder mit einem mittleren Risiko eingestuft werden, was wiederum eine Anwendung der erleichterten Sorgfaltspflicht gemäß Art. 13 EUDR ausschließt.

Weiterhin wird seitens der Wirtschaft auf jahrelang laufende Verträge verwiesen, die kurzfristig gar nicht ohne Weiteres gekündigt werden könnten, sollten die Anforderungen der EUDR durch den Lieferanten nicht (mehr) erfüllt werden können. Es wird daher eine Verschiebung des Geltungsbeginns gefordert, bis einerseits das Informationssystem praktikabel verwendbar ist und andererseits bis durch die EU-Kommission und die BLE Klarheit zu den noch nicht präzisierten Anforderungen geschaffen wurde.[254]

Bestärkt werden voranstehende Forderungen auch durch ein Schreiben vom 16. April 2024 an den Bundesminister für Ernährung und Landwirtschaft, Cem Özdemir, das von 15 Verbänden, überwiegend aus der Agrar- und Ernährungsindustrie, unterzeichnet wurde.[255]

252 So Hasagic, ZLR 4/2023, S. 485, 495; auf diese Unklarheiten auch hinweisend: Giesberts/Fink, KlimaRZ 2023, S. 169, 180; Passas/Holtz, DB 2023, M14, M15, ebenso bereits zum Verordnungsentwurf: Ruttloff/Wagner/Hahn, CB 3/2022, S. 64, 68.

253 Siehe Kapitel 2.3.3.

254 Gemeinsame Pressemitteilung, u. a. des Dt. Bauernverbandes, EU-Verordnung Entwaldungsfreie Lieferketten: Agrar- und Ernährungswirtschaft rechnet mit massiven Belastungen, v. 16.01.2024, https://www.bauernverband.de/fileadmin/user_upload/dbv/pressemitteilungen/2024/KW_03/EUDR-_Finale_PM_Verba__ndeallianz_16.01.2024.pdf, zuletzt abgerufen am 28.04.2024; so Ende März auch die Agrarminister der EU, Koch, v.28.03.2024, https://www.forstpraxis.de/entwaldung-mehrheit-will-buerokratie-monster-stoppen-22858, zuletzt abgerufen 28.04.2024.

255 Schreiben an Bundesminister für Ernährung und Landwirtschaft v. div. Verbänden v. 16.04.2024, https://www.raiffeisen.de/sites/default/files/2024-04/Verbändeschreiben%20EUDR%20an%20BM%20Özdemir_.pdf, zuletzt abgerufen am 28.04.2024.

2.5.3. Erhalt der Konkurrenzfähigkeit am Weltmarkt und Handelsdiskriminierung

Ferner fürchtet das Internationale Handelszentrum, dass die Konkurrenzfähigkeit kleinerer Unternehmen bedroht sei. Während größere Unternehmen die finanziellen Mittel haben, die Herkunft ihrer Produkte genaustens zu verfolgen und die notwendigen Informationen beizubringen, dürften viele kleine Unternehmen dies allein aus finanziellen, aber auch aus informationsbedingten Gründen nicht umsetzen können.[256]

Die hohen Anforderungen der EU könnten ferner zu einer Verschiebung des Marktes führen, weil Länder wie Brasilien, Honduras, Malaysia und Indonesien versuchen könnten, ihre nicht EUDR-konformen Produkte in anderen Ländern anzubieten. Gelingt dies nicht, erhöhe sich die Armut in diesen Ländern und auf Armut folge weitere Entwaldung. Daher sei es notwendig, spätestens im Sommer 2028, die Auswirkungen der EUDR auf ärmere Länder zu bewerten und entsprechend gegenzusteuern.[257]

An anderer Stelle wird mit einem Lieferstopp von relevanten Produkten gedroht. Malaysia und Indonesien machen eine potenzielle Handelsdiskriminierung geltend und drohen mit der Einstellung der Lieferung von Palmöl. Ähnlich wie im voranstehenden Punkt, sehen sie durch diese Diskriminierung eine Benachteiligung der in ihren Ländern ansässigen Lieferanten von relevanten Rohstoffen und haben Sorge vor einbrechender Armut auf Grund der neuen Regulierung.[258]

Neben den tatsächlichen Auswirkungen bei Lieferanten, gilt es, in diesem Zusammenhang auch für nationale Unternehmen korrelie-

256 Hancock, EU deforestation rules risk ‚catastrophic' impact on global trade, say ITC chief, Financial Times, v. 20.08.2023, abrufbar unter: EU deforestation rules risk ‚catastrophic' impact on global trade, says ITC chief (ft.com), zuletzt abgerufen am 28.04.2024; so auch Falker, EU droht 2025 Kaffeemangel, LebensmittelZeitung v. 08.03.2024, S. 22.

257 Hancock, EU deforestation rules risk ‚catastrophic' impact on global trade, say ITC chief, Financial Times, v. 20.08.2023, abrufbar unter: EU deforestation rules risk ‚catastrophic' impact on global trade, says ITC chief (ft.com).

258 Peer, Malaysia droht der EU mit einem Palmöl-Lieferstopp, Handelsblatt v. 25.01.2023 2023, https://www.handelsblatt.com/politik/international/streit-eskaliert-malaysia-droht-der-eu-mit-einem-palmoel-lieferstopp/28943642.html zuletzt abgerufen am 28.04.2024.

rende Risiken im Blick zu halten. Gemeint ist hiermit das Thema der Versorgungssicherheit bei der Produktion von Produkten. Nur noch sehr wenige Produkte in Deutschland können ohne Importe produziert werden, es besteht somit eine gewisse Abhängigkeit von den durch die höheren Anforderungen durch die EUDR betroffenen Lieferanten.[259] Dies sollte unbedingt beachtet werden, sind die Erfahrungen dieser Lieferkettenproblematik während der Corona-Pandemie, beispielsweise in der Automobilbranche, heute noch präsent.

Hinzu kommt Kritik aus Deutschland. Mehrere deutsche Verbände, insbesondere aus der Lebensmittelindustrie, stellen fest, dass das Thema Entwaldung für Rohstoffe und Erzeugnisse, die aus der EU selbst stammen, insbesondere innerhalb Deutschlands, kein relevantes Thema sei. Dennoch gelten, etwa für einen Forstwirt aus dem Schwarzwald, die gleiche Anforderung wie für den Kaffeebauern oder einen Importeur aus einen Entwaldungshochrisikogebiet.[260]

2.5.4. Problematik der Vermischungen von Rohstoffen oder Erzeugnissen

Ein weiteres Problemfeld könnte sich direkt aus dem Wortlaut des Art. 9 Abs. 1 d) EUDR ergeben. Dort wird angeführt, dass, wenn ein Erzeugnis relevante Rohstoffe enthält, die auf verschiedenen Grundstücken erzeugt wurden, die jeweiligen Grundstücke allesamt anzugeben sind. Zugleich heißt es, dass relevante Rohstoffe oder Erzeugnisse, die von Grundstücken kommen, die nicht den Anforderungen der EUDR entsprechen, unzulässig sind.

Dieser Fall und die damit einhergehende Problematik lässt sich erneut anhand eines Beispiels verdeutlichen. Ausgehend davon, dass Kautschuk, Sojabohnen, Kakaobohnen oder Kaffee von Kleinbauern erwirtschaftet werden und sodann über Zwischenhändler zu Exporteu-

259 Seuring/Müller/Schwarzkopf, in Baumast/Pape (Hrsg.), Betriebliches Nachhaltigkeitsmanagement, S. 367 f.

260 Gemeinsame Pressemitteilung, u. a. des Dt. Bauernverbandes, EU-Verordnung Entwaldungsfreie Lieferketten: Agrar- und Ernährungswirtschaft rechnet mit massiven Belastungen, v. 16.01.2024,https://www.bauernverband.de/fileadmin/user_upload/dbv/pressemitteilungen/2024/KW_03/EUDR-_Finale_PM_Verba__ndeallianz_16.01.2024.pdf, zuletzt abgerufen am 28.04.2024.

ren gelangen, ergibt sich folgendes Problem. Vorgenannte Rohstoffe werden nicht in jeweils säuberlich getrennten und dem ursprünglichen Kleinbauern zuordenbaren Einheiten exportiert, sondern sie werden vermischt zu großen, untrennbaren Einheiten (Schüttgut).[261]

Stellt sich nun heraus, dass eines der Grundstücke der Kleinbauern nicht entwaldungsfrei war, hat das zur Folge, dass die auf Vermischung basierende größere Einheit nicht entwaldungsfrei ist und somit – genau genommen – gegen die EUDR verstößt.[262]

In der Praxis sieht es realistischer Weise auch so aus, dass zukünftig – trotz EUDR – weiterhin Rohstoffe und Erzeugnisse in Ländern produziert werden, die bekanntermaßen nicht entwaldungsfrei sind. Auch hier spielt das Thema Vermischung eine Rolle, denn die Logistik von Rohstoffen in den Produktionsländern verläuft nicht klar trennbar.[263]

Ob die zuständigen Behörden, abweichend vom Wortlaut der EUDR, eine Praxis entwickeln, die in beiden dargestellten Fällen oder aber zumindest in der ersten Darstellung, die im Vergleich zur zweiten auf der Intention beruhte, EUDR-konform zu handeln, nicht zu einem Importverbot oder einem Verbot des Anbietens auf dem Markt innerhalb der EU führt, bleibt abzuwarten. Zu wünschen wäre, dass vor Verhängung schwerer Sanktionen, im Rahmen des Ermessensspielraums zuständiger Behörden, zumindest ein angemessener Zeitraum zur Anpassung und Umstellung des komplexen Wirtschaftssystems eingeräumt würde.

261 Falker, Entwaldungsfrei-VO sorgt für Chaos, LebensmittelZeitung v. 26.01.2024, S. 20; auf die Problematik der Vermischung ebenfalls hinweisend: Uhlig/Gillig, ESGZ 2024, S. 13, S. 18.

262 So auch Everhardt, DB 2023, S. 2354, 2357; Hörnig, CB 4/2024, S. 119, 121; Coudenhove-Kalergi/Merl, IRZ 2024, S. 167, 169.

263 Falker, Entwaldungsfrei-VO sorgt für Chaos, LebensmittelZeitung v. 26.01.2024, S. 20; interessanterweise geht die EU in ihrem Ansatz davon aus, dass diesbezüglich bereits jetzt eine klare Trennung der Lieferketten vorliegt, EU-Kommission, EU-Verordnung über entwaldungsfreie Lieferketten, S. 17 ff., 2021, abrufbar unter: https://www.ble.de/SharedDocs/Downloads/DE/Wald-Holz/Entwaldungsfrei/Praesentation_EU_Verordnung.pdf;jsessionid=8D801C775E1D5064E98135D5B86F7442.internet952?__blob=publicationFile&v=2, zuletzt abgerufen am 28.04.2024.

2.5.5. Gefahr von Lieferengpässen und signifikanten Preiserhöhungen

Industrie und Wirtschaft ziehen aus voranstehenden Ausführungen ein eindeutiges Resultat. Entweder, es findet weiterhin ein Inverkehrbringen von nicht entwaldungsfreien Produkten in die EU statt oder aber, es ist mit spürbaren Lieferengpässen bei den betroffenen Rohstoffen und Erzeugnissen zu rechnen, weil die Wirtschaft in dem gegebenen Zeitfenster nicht fähig ist, die geforderten Anforderungen zu erfüllen. Dies beinhaltet die soeben aufgezeigte Problematik, dass riesige Chargen an Produkten als nicht entwaldungsfrei eingestuft werden sollen, wenn auch nur ein kleiner Bestandteil aus diesen von einem nachgewiesenermaßen nicht entwaldungsfreien Grundstück stammt.[264]

Damit einher könnten auch signifikante Preiserhöhungen gehen. Auch in Kapitel 2.5.3. dargestellte Boykotte könnten hier mit reinspielen.[265]

2.5.6. Überforderung der zuständigen Behörde und Folgen daraus

Eine andere Perspektive auf etwaige Herausforderungen eröffnet *Kapoor*, der davon ausgeht, dass nicht (nur) die Wirtschaft, sondern auch die zuständigen Behörden mit den Anforderungen aus der EUDR überfordert sein werden. Er geht davon aus, dass die vorhandenen personellen Kapazitäten nicht ausreichen, um den kompletten Markt – wie von der EUDR mit festen Prozentsätzen je nach Risikoklassifizierung vorgegeben – zu kontrollieren und fürchtet, dass es daher vor allem heimische Unternehmen treffen wird, während außereuropäische Unternehmen aus der punktuell strengen Umsetzung der Verordnung in Europa einen Vorteil am Weltmarkt ziehen könnten.[266]

---

264 So auch Hörnig, CB 4/2024, S. 119, 121.

265 Gemeinsame Pressemitteilung, u. a. des Dt. Bauernverbandes, EU-Verordnung Entwaldungsfreie Lieferketten: Agrar- und Ernährungswirtschaft rechnet mit massiven Belastungen, v. 16.01.2024,https://www.bauernverband.de/fileadmin/user_upload/dbv/pressemitteilungen/2024/KW_03/EUDR-_Finale_PM_Verba__ndeallianz_16.01.2024.pdf, zuletzt abgerufen am 28.04.2024; so auch Martin/Madesjka, ZfPC 5/2023, S. 202, 203, im Zusammenhang mit der aufwendigen Prüfung national geltender Regelungen. Im Ergebnis auch Falker, EU droht 2025 Kaffeemangel, LebensmittelZeitung v. 08.03.2024, S. 22.

266 Kapoor, ESGZ 2022, S. 4, 7.

Die Einschätzung von *Kapoor* dürfte begründet sein. Die BLE veröffentlichte in einer Präsentation im September 2023 eine Schätzung, wonach von über 520.000 Marktteilnehmern auszugehen ist, was wiederum ca. 10 Millionen Vorgänge bei der Behörde bedeuten würde. Eine Aufstockung des Personalbedarfs ist geplant.[267]

Laut aktuellen Medienberichten, die die bereits im Jahr 2022 von *Kapoor* eröffnete Problematik bestätigen, sind für die BLE für das Jahr 2024 nur 20 weitere Stellen geschaffen worden. Es wird davon ausgegangen, dass jedoch 160 Stellen notwendig seien, um die Kontrollen im erforderlichen Maße durchzuführen. Ähnlich problematisch sähe es in anderen europäischen Ländern aus.[268]

Diese Problematik wird auch bereits im Rahmen der Gesetzgebung unterstrichen. So sieht Art. 28 EUDR zwar vor, dass eine elektronische Schnittstelle durch die EU-Kommission zu schaffen ist, die eine Kommunikation zwischen den nationalen Zollsystemen und dem Informationssystem im Sinne des Art. 33 EUDR ermöglicht. Als Umsetzungsfrist wird aber der 30. Juni 2028 vorgesehen, was die behördliche Arbeit in den ersten Jahren ebenfalls wenig effizient machen dürfte.

Nach *Ceaux* sind jedoch sog. Supply-Chain-Mapping-Technologien verfügbar, also eine digitale Unterstützung zur transparenten Erhebung und Darstellung der notwendigen Informationen auf Seiten der Anbieter.[269] Wenn solche Technologien auch durch Behörden sinnvoll nutzbar wären, könnten sich hierdurch die aktuellen Herausforderungen (teilweise) schmälern.

---

267 BLE, Umsetzung der EU-Verordnung für entwaldungsfreie Produkte durch die Bundesanstalt für Landwirtschaft und Ernährung (BLE), S. 6, v. 06.09.2023, abrufbar unter: https://www.bmel.de/SharedDocs/Downloads/DE/_Wald/praesentation-ble-09-23.pdf?__blob=publicationFile&v=3, zuletzt abgerufen am 28.04.2024.

268 Blum/Engert/Strunz, Kampf gegen Entwaldung droht zu scheitern, Tagesschau.de v. 01.03.2024, abrufbar unter: https://www.tagesschau.de/investigativ/ndr-wdr/holz-mafia-eu-100.html, zuletzt abgerufen am 28.04.2024; wie auch Falker, Zeitplan zur VO „Entwaldungsfrei", LebensmittelZeitung v. 01.03.2024, S. 24.

269 Ceaux, ESGZ 2023, S. 12, 13.

2.5.7. Datenschutz und Geschäftsgeheimnisse

Zu guter Letzt dürfte sich aus Unternehmensperspektive die Frage stellen, was die neue Transparenz in der Lieferkette für Folgen auf sensible Daten haben könnte.

Art. 33 Abs. 4 EUDR sieht vor, dass neben den Zollbehörden auch Marktteilnehmer, Händler und deren Bevollmächtigte „im Einklang mit deren jeweiligen Verpflichtungen" Zugang zu den auf der Informationsplattform hinterlegten Daten haben sollen. Wie weit diesbezüglich etwaige Risiken zur ungewollten Einsicht von Daten über Lieferanten und Kunden reichen können, wird voraussichtlich erst abschließend beurteilt werden können, wenn die Informationsplattform nutzbar ist. Je nachdem wie weit Einsichtsrechte Dritter auf die Informationen aus den Lieferketten reichen, könnten sich aus dieser neuen Transparenz durchaus Nachteile ergeben, was anhand zweier Beispiele kurz dargestellt werden soll:

1. Ein Hersteller von Schokolade stellt ein besonders gutes Produkt her, weil er seine Rohstoffe aus einer besonderen Quelle bezieht. Haben Dritte, etwa Konkurrenten, durch das Informationssystem nun die Möglichkeit, diese Quelle auszumachen und den Vorteil des Schokoladenherstellers aufgrund dessen auch zu verwenden?
2. Ein äthiopischer Zwischenhändler liefert langjährig und zuverlässig Kaffee an eine Kaffeerösterei nach Deutschland. Erfährt die Rösterei mit Hilfe der Angaben im Informationssystem nun, wer die genauen Lieferanten des Zwischenhändlers sind, könnte sie direkte Verträge mit diesen abschließen und den Lieferanten umgehen.[270]

Diese beiden Punkte lassen sich sicherlich auch als „normale" Risiken einstufen, die nun einmal in der freien Marktwirtschaft bestehen. Der Punkt, der an dieser Stelle relevant wird, ist aber, dass diese Informationen, wenn das Informationssystem diese tatsächlich gegenüber Dritten verfügbar macht, aufgrund einer europäischen Gesetzgebung offengelegt werden müssen und Unternehmen negativ (beziehungs-

270 Anmerkung: Das könnte die Arbeitsbedingungen der Lieferanten möglicherweise spürbar verbessern. Da dies aber nicht Hauptzweck der EUDR ist, wären Nebeneffekte wie hier geschildert, die relevanten Einfluss auf verschiedene Teilnehmer am Markt haben, nicht unkritisch zu betrachten.

weise Unternehmen, die einen Vorteil als solchen Informationen ziehen können auch positiv) beeinflussen können.

Hinsichtlich der Gesamtheit an Herausforderungen, die durch die EUDR entsteht, lässt sich festhalten, dass diese vielseitig, vielschichtig und für betroffene Unternehmen ernst zu nehmen sind. Während Verbände und insbesondere kleinere Unternehmen große Sorge bezüglich der Umsetzung der Verordnung haben, zeigen sich große Unternehmen der Lebensmittelindustrie weniger besorgt.[271]

Lösungen in diesem Kapitel angeführter Herausforderungen dürften einerseits technischer Natur sein, andererseits gilt es, die dringend notwendigen und zwischenzeitlich, wie oben dargestellt, angekündigten Informationen der EU-Kommission und der BLE abzuwarten und zu hoffen, dass diese alsbald verfügbar sind.

Ziel des EU-Green-Deals, zu dem auch die EUDR zu zählen ist, ist die Schaffung und Stärkung einer nachhaltigen europäischen Wirtschaft.[272] Dies kann nicht gelingen, wenn die hier angebrachten Befürchtungen tatsächlich allesamt eintreten.

Ist das der Fall, gilt es, seitens des europäischen Gesetzgebers, nachzujustieren, mindestens aber eine erweiterte Übergangsfrist einzuführen, in der nicht mit schwerwiegenden Sanktionen zu rechnen ist.

---

271 Falker, EU droht 2025 Kaffeemangel, LebensmittelZeitung v. 08.03.2024, S. 22., bezugnehmend auf Aussagen im zitierten Beitrag von Mondelez, Ferrero und Nestlé.

272 Siehe Kapitel 2.2.1.1.

3. Schlussbetrachtung

Die EU-Entwaldungsverordnung stellt ein an sich einfach zu begreifendes Konstrukt dar, das sich mit Bezug zum EU-Green-Deal und zu den SDGs der UN als Regulierung zur Erhöhung der Nachhaltigkeit in der EU einordnen lässt.

Ziel der Verordnung ist die weltweite Reduktion von Entwaldung und Waldschädigung, die ihrerseits einen großen Beitrag zum Klimawandel leistet. Erreicht werden soll dies durch die Regulierung des Inverkehrbringens und der Bereitstellung am Markt innerhalb der EU sowie der Ausfuhr von sieben relevanten Rohstoffen mitsamt daraus hergestellten Erzeugnissen, mit Wirkung ab dem 30. Dezember 2024.

Zweck des Ganzen ist das Stoppen der durch die derzeitige Entwaldungspraxis stattfindenden Entwicklung, nämlich steigende Treibhausgasemissionen, eine stetig sinkende Biodiversität und die Verletzung der Rechte von indigenen Völkern sowie der Menschenrechte insgesamt.[273]

Komplex wird es jedoch, wenn es ins Detail geht. So ist gerade die Frage des sachlichen Anwendungsbereichs nicht einfach zu erfassen. Die relevanten Rohstoffe aus Anhang I der Verordnung werden dort um konkrete Erzeugnisse ergänzt. Bei diesen gibt es jedoch Ausnahmeregelungen, die nicht direkt nachvollziehbar sind – so zum Beispiel die Tatsache, dass Erzeugnisse aus Palmöl in den Anwendungsbereich fallen, nicht aber Seife aus Palmöl.[274]

Die EUDR sieht zur Erreichung ihrer Ziele die Einführung beziehungsweise den Ausbau der Lieferketten-Compliance von Marktteilnehmern und Händlern vor. Gemeint ist hier die Etablierung von Sorgfaltspflichten in das Compliance Management des Unternehmens. Hierbei handelt es sich, neben weiteren Anforderungen, um ein dreistufiges Due-Diligence-System, das aus den Stufen Informationsbeschaffung, Risikobewertung und Risikominderung besteht.[275]

Besonders herausfordernd wird in der Praxis das Thema der Informationsbeschaffung sein, gilt es hierbei doch, die komplette Lieferkette

273 Vgl. Kapitel 2.1.
274 Vgl. Kapitel 2.1.1.
275 Vgl. hierzu insbesondere das Kapitel 2.3.3. samt Unterkapitel.

zu erfassen und im Zuge dessen Detailinformationen wie Geodaten jedes einzelnen Grundstücks, von dem relevante Rohstoffe stammen, zu dokumentieren.[276]

Darüber hinaus fordert die Vielzahl der bestehenden Sonderregelungen für KMU, kleine Unternehmen und Kleinstunternehmen und die daraus resultierenden Pflichten eine intensive Auseinandersetzung mit der EUDR.[277]

Neben den unmittelbar betroffenen Unternehmen, somit Marktteilnehmern und Händlern im Sinne der Verordnung, werden darüber hinaus ebenso viele mittelbar betroffene Unternehmen die Auswirkungen der EUDR spüren. Hierbei wird es sich zumeist um Unternehmen in den vorgelagerten Lieferketten handeln, die mit der Pflicht zur Beschaffung und Bereitstellung notwendiger Informationen betraut werden, sofern ihre Waren den Weg in die EU finden sollen.[278]

Motivation dürften die in den Anwendungsbereich fallenden Unternehmen durch die vorgesehenen Kontrollen, die bestehenden vorläufigen Maßnahmen und die durch den nationalen Gesetzgeber noch umzusetzenden vielfältigen Sanktionen erfahren.[279] Wie oben aufgezeigt, könnten sich diese Werkzeuge – zumindest zunächst – aufgrund Personalmangels bei den zuständigen Behörden als „zahnloser Tiger“ herausstellen.

Bis zur Geltung der Regelungen für Marktteilnehmer und Händler hat die Europäische Kommission wie auch die zuständige deutsche Behörde, die Bundesanstalt für Landwirtschaft und Ernährung, noch einen Informationsmangel auszuräumen.

Einerseits muss das Informationssystem samt Schnittstellen gemäß Art. 33 EUDR rechtzeitig fertigstellt werden. Andererseits wartet die Wirtschaft auf Guidelines und erste best practices, um noch vorhandene Unklarheiten zu beseitigen, die vor der Anpassung der eigenen Systeme und bestehender Beziehungen in den Lieferketten geregelt sein sollten.[280]

---

276 Siehe Kapitel 2.3.3.1.
277 Vgl. Kapitel 2.3.3.4.
278 Uhlig/Gillig, ESGZ 2024, S. 13, 17.
279 Siehe Kapitel 2.4. samt Unterkapitel.
280 Siehe für Details, Kapitel 2.4.4.

Ein ungefährer Zeitplan hierfür liegt seit dem 27. Februar 2024 vor, der erste im Plan aufgeführte Punkt, die Aktualisierung der FAQ, konnte aber bereits zeitlich nicht gehalten werden.[281]

Unternehmen wird daher empfohlen, die Websites der EU-Kommission und des BLE im Auge zu behalten, um frühzeitig wichtige Informationen zu erhalten und auf Basis dessen entsprechende unternehmensinterne Anpassungen einleiten zu können.[282]

Daneben werden aber weitere praktische Herausforderungen verbleiben, die es nach und nach anzugehen und zu beobachten gilt. Hierzu gehören Themen wie der Erhalt der Konkurrenzfähigkeit der EU durch die Regulierung, die potenzielle Gefahr einer negativen Veränderung der Märkte, die weitere Armut erzeugen könnte, Herausforderungen bei der Gestaltung der Lieferkette und deren Logistik, insb. vor dem Hintergrund der Vermischung von entwaldungsfreien und nicht entwaldungsfreien Rohstoffen oder Erzeugnissen. Auch Lieferengpässe und Preissteigerungen sind hierbei nicht auszuschließen.[283]

Wichtig, ist nochmals festzuhalten, dass Sinn und Zweck der EUDR nicht ein Ausbremsen der Wirtschaft ist, vielmehr soll der EU-Green-Deal als Wegbereiter der EU in eine moderne, effiziente und zugleich wettbewerbsfähige Zukunft dienen. Dabei soll eine Entkopplung der beiden Faktoren Wirtschaftswachstum und Ressourcennutzung stattfinden. Zum Zeitpunkt des Verfassens dieses Werkes, darf der Verwirklichung dieses Vorhabens bzgl. der EUDR, als Teil des EU-Green-Deals, noch etwas skeptisch entgegengesehen werden.

Zu betonen ist weiterhin, dass die faktische Erfüllbarkeit, der im Rahmen dieses Werkes behandelten Verpflichtungen vor dem 30. Dezember 2024 gewährleistet sein muss und etwaige Schritte frühzeitig getätigt werden müssen. Denn vor allem langfristig laufende Verträge und die Möglichkeit, dass Rohstoffe oder Erzeugnisse eine etwas längere Lagerzeit haben können (etwa Holz) und somit vor dem für die Bewertung der Entwaldungsfreiheit relevanten Stichtag (dem 31. Dezember 2020) erzeugt worden sein könnten, müssen berücksichtigt werden.[284]

281 Siehe Kapitel 2.5.2.
282 Siehe Linksammlung in der Anlage des Werkes.
283 Siehe hierzu Kapitel 2.5.
284 Hierauf hinweisend, Ruttloff/Wagner/Kappler/Schuler, BB 2024, S. 707, 716.

Die letzten Worte dieses Praxisleitfadens sollen ein Fazit von *Prof. Dr. Ludger Giesberts* und *Dr. Anna Deborah Fink* sein, die ihrerseits die EUDR und deren Implikationen auf die in den Anwendungsbereich fallenden Unternehmen festhalten wie folgt:

> „*In summary, there has been much debate on the EU-DR in advance, but only time will tell whether it will prove to be a valuable step towards the global protection of our natural resources and the mitigation of climate change, or simply a cumbersome addition to the paperwork that economic actors on the European Union market have to comply with.*“[285]

285 Giesberts/Fink, KlimaRZ 2023, S. 169, 180.

Anhang I

Relevante Rohstoffe und relevante Erzeugnisse gemäß Artikel 1

In der nachstehenden Tabelle sind Waren gemäß ihrer Einreihung in die Kombinierte Nomenklatur nach Anhang I der Verordnung (EWG) Nr. 2658/87 aufgeführt, auf die in Artikel 1 der vorliegenden Verordnung Bezug genommen wird.

Die vorliegende Verordnung gilt nicht für Waren, die ausschließlich aus Material erzeugt sind, dessen Lebenszyklus abgeschlossen ist, und das anderenfalls als Abfall im Sinne des Artikels 3 Nummer 1 der Richtlinie 2008/98/EG entsorgt worden wäre; diese Ausnahmeregelung gilt nicht für Nebenprodukte eines Verarbeitungsprozesses, bei dem Material verwendet wird, bei dem es sich nicht um Abfall im Sinne des Artikels 3 Nummer 1 der genannten Richtlinie handelt.

Relevanter Rohstoff	**Relevante Erzeugnisse**
Rinder	0102 21, 0102 29 Rinder, lebend ex 0201 Fleisch von Rindern, frisch oder gekühlt ex 0202 Fleisch von Rindern, gefroren ex 0206 10 Genießbare Schlachtnebenerzeugnisse von Rindern, frisch oder gekühlt ex 0206 22 Genießbare Lebern von Rindern, gefroren ex 0206 29 Genießbare Schlachtnebenerzeugnisse von Rindern (ohne Zungen und Lebern), gefroren ex 1602 50 sonstiges Fleisch, Schlachtnebenerzeugnisse oder Blut, anders zubereitet oder haltbar gemacht, von Rindern ex 4101 Rohe Häute und Felle von Rindern und Kälbern (frisch oder gesalzen, getrocknet, geäschert, gepickelt oder anders konserviert, jedoch weder gegerbt noch zu Pergament- oder Rohhautleder konserviert, noch zugerichtet), auch enthaart oder gespalten ex 4104 Gegerbte, auch getrocknete Häute und Felle von Rindern und Kälbern, enthaart, auch gespalten, aber nicht zugerichtet ex 4107 Nach dem Gerben oder Trocknen zugerichtetes Leder, einschließlich Pergament- oder Rohhautleder, von Rindern und Kälbern, enthaart, auch gespalten, mit Ausnahme von Leder unter Position 4114

Kakao	1801 Kakaobohnen und Kakaobohnenbruch, roh oder geröstet 1802 Kakaoschalen, Kakaohäutchen und anderer Kakaoabfall 1803 Kakaomasse, auch entfettet 1804 Kakaobutter, Kakaofett und Kakaoöl 1805 Kakaopulver ohne Zusatz von Zucker oder anderen Süßmitteln 1806 Schokolade und andere kakaohaltige Lebensmittelzubereitungen
Kaffee	0901 Kaffee, auch geröstet oder entkoffeiniert; Kaffeeschalen und Kaffeehäutchen; Kaffeemittel mit beliebigem Kaffeegehalt
Ölpalme	1207 10 Palmnüsse und Palmkerne 1511 Palmöl und seine Fraktionen, auch raffiniert, jedoch nicht chemisch modifiziert 1513 21 Palmkernöl und Babassuöl sowie deren Fraktionen, roh, auch raffiniert, jedoch nicht chemisch modifiziert 1513 29 Palmkernöl und Babassuöl und deren Fraktionen, auch raffiniert, jedoch chemisch unmodifiziert (ausgenommen rohe Öle) 2306 60 Ölkuchen und andere feste Rückstände aus der Gewinnung von Fetten und Ölen aus Palmnüssen oder Palmkernen, auch gemahlen oder in Form von Pellets ex 2905 45 Glycerin mit einer Reinheit von mindestens 95 % (berechnet anhand des Gewichts des trockenen Erzeugnisses) 2915 70 Palmitinsäure, Stearinsäure, ihre Salze und Ester 2915 90 Carbonsäuren, gesättigt, acyclisch, einbasisch, ihre Anhydride, Halogenide, Peroxide und Peroxysäuren; ihre Halogen-, Sulfo-, Nitro- oder Nitrosoderivate, (ausgenommen Ameisensäure,Essigsäure, Mono-, Di- oder Trichloressigsäure, Propionsäure, Butansäuren, Pentansäuren, Palmitinsäure,Stearinsäure, ihre Salze und Ester, Essigsäureanhydrid) 3823 11 Stearinsäure, technische 3823 12 Ölsäure, technische 3823 19 Technische einbasisch Fettsäuren, saure Öle aus der Raffination (ausgenommen Stearinsäure, Ölsäure und Tallölfettsäuren) 3823 70 Technische Fettalkohole
Kautschuk	4001 Naturkautschuk, Balata, Guttapercha, Guayule, Chicle und ähnliche natürliche Kautschukarten; in Primärformen oder in Platten, Blättern oder Streifen ex 4005 Kautschukmischungen, nicht vulkanisiert, in Primärformen oder in Platten, Blättern oder Streifen ex 4006 Andere Formen (z. B. Stäbe, Stangen, Rohre, Profile) und Waren (z. B. Scheiben, Ringe), aus nicht vulkanisiertem Kautschuk ex 4007 Fäden und Schnüre aus vulkanisiertem Kautschuk ex 4008 Platten, Blätter, Streifen, Stäbe, Stangen und Profile aus Weichkautschuk

	ex 4010 Förderbänder und Treibriemen aus vulkanisiertem Kautschuk ex 4011 Luftreifen aus Kautschuk, neu ex 4012 Luftreifen aus Kautschuk, runderneuert oder gebraucht; Vollreifen oder Hohlkammerreifen, Überreifen und Felgenbänder aus Kautschuk ex 4013 Luftschläuche aus Kautschuk ex 4015 Kleidung und Bekleidungszubehör (einschließlich Fingerhandschuhe. Handschuhe ohne Fingerspitzen und Fausthandschuhe) für alle Zwecke aus Weichkautschuk ex 4016 sonstige Waren aus Weichkautschuk, a. n. g. in Kapitel 40 ex 4017 Hartkautschuk (z. B. Ebonit) in allen Formen, einschließlich Abfälle und Bruch; Waren aus Hartkautschuk
Soja	1201 Sojabohnen, auch geschrotet 1208 10 Mehl von Sojabohnen 1507 Sojaöl und seine Fraktionen, auch raffiniert, jedoch nicht chemisch modifiziert 2304 Ölkuchen und andere feste Rückstände aus der Gewinnung von Sojaöl, auch gemahlen oder in Form von Pellets
Holz	4401 Brennholz in Form von Rundlingen, Scheiten, Zweigen, Reisigbündeln oder ähnlichen Formen; Holz in Form von Plättchen oder Schnitzeln; Sägespäne, Holzabfälle und Holzausschuss, auch zu Pellets, Briketts, Scheiten oder ähnlichen Formen zusammengepresst 4402 Holzkohle (einschließlich Kohle aus Schalen oder Nüssen), auch zusammengepresst 4403 Rohholz, auch entrindet, vom Splint befreit oder zwei- oder vierseitig grob zugerichtet 4404 Holz für Fassreifen; Holzpfähle, gespalten; Pfähle und Pflöcke aus Holz, gespitzt, nicht in der Längsrichtung gesägt; Holz, nur grob zugerichtet oder abgerundet, jedoch weder gedrechselt, gebogen noch anders bearbeitet, für Spazierstöcke, Regenschirme, Werkzeuggriffe, Werkzeugstiele und dergleichen; Holzspan, Holzstreifen, Holzbänder und dergleichen 4405 Holzwolle; Holzmehl 4406 Bahnschwellen aus Holz 4407 Holz, in der Längsrichtung gesägt oder gesäumt, gemessert oder geschält, auch gehobelt, geschliffen oder an den Enden verbunden, mit einer Dicke von mehr als 6 mm 4408 Furnierblätter (einschließlich der durch Messern von Lagenholz gewonnenen Blätter), Blätter für Sperrholz oder ähnliches Lagenholz und anderes Holz, in der Längsrichtung gesägt, gemessert oder geschält, auch gehobelt, geschliffen, an den Kanten oder an den Enden verbunden, mit einer Dicke von 6 mm oder weniger

	4409 Holz (einschließlich Stäbe und Friese für Parkett, nicht zusammengesetzt), entlang einer oder mehrerer Kanten, Enden oder Flächen profiliert (gekehlt, genutet, gefedert, gefalzt, abgeschrägt, gefriest, gerundet oder in ähnlicher Weise bearbeitet), auch gehobelt, geschliffen oder an den Enden verbunden 4410 Spanplatten, „oriented strand board"-Platten (OSB) und ähnliche Platten (z. B. „waferboard"-Platten) aus Holz oder anderen holzigen Stoffen, auch mit Harz oder anderen organischen Bindemitteln hergestellt 4411 Faserplatten aus Holz oder anderen holzigen Stoffen, auch mit Harz oder anderen organischen Stoffen hergestellt 4412 Sperrholz, furniertes Holz und ähnliches Lagenholz 4413 verdichtetes Holz in Blöcken, Platten, Brettern oder Profilen 4414 Holzrahmen für Bilder, Fotografien, Spiegel oder dergleichen 4415 Kisten, Kistchen, Verschläge, Trommeln und ähnliche Verpackungsmittel, aus Holz; Kabeltrommeln aus Holz; Flachpaletten, Boxpaletten und andere Ladungsträger, aus Holz; Palettenaufsatzwände aus Holz (ohne Verpackungsmaterial, das ausschließlich als Verpackungsmaterial zum Stützen, zum Schutz oder zum Tragen eines anderen in Verkehr gebrachten Erzeugnisses verwendet wird.) 4416 Fässer, Tröge, Bottiche, Kübel und andere Böttcherwaren und Teile davon, aus Holz, einschließlich Fassstäbe 4417 Werkzeuge, Werkzeugfassungen, Werkzeuggriffe und Werkzeugstiele, Fassungen, Stiele und Griffe für Besen, Bürsten und Pinsel, aus Holz; Schuhformen, Schuhleisten und Schuhspanner, aus Holz 4418 Bautischler- und Zimmermannsarbeiten, einschließlich Verbundplatten mit Hohlraum-Mittellagen, zusammengesetzte Fußbodenplatten, Schindeln („shingles" und „shakes"), aus Holz 4419 Holzwaren zur Verwendung bei Tisch oder in der Küche 4420 Hölzer mit Einlegearbeit (Intarsien oder Marketerie); Schmuckkassetten, Besteckkästchen und ähnliche Waren, aus Holz; Statuetten und andere Ziergegenstände, aus Holz; Innenausstattungsgegenstände aus Holz, ausgenommen Waren des Kapitels 94 4421 Andere Waren aus Holz Halbstoffe und Papier der Kapitel 47 und 48 der Kombinierten Nomenklatur, ausgenommen Erzeugnisse auf Bambusbasis und Wiedergewinnungsprodukte (Abfälle und Ausschuss) ex 49 Bücher, Zeitungen, Bilddrucke und andere Erzeugnisse des grafischen Gewerbes, hand- oder maschinengeschriebene Schriftstücke und Pläne ex 9401 Sitzmöbel (ausgenommen solche der Position 9402), auch wenn sie in Liegen umgewandelt werden können, und Teile davon, aus Holz

	9403 30, 9403 40, 9403 50, 9403 60 und 9403 91 Holzmöbel und Teile davon 9406 10 Vorgefertigte Gebäude aus Holz

Anhang II

Sorgfaltserklärung

Angaben, die in der Sorgfaltserklärung gemäß Artikel 4 Absatz 2 enthalten sein müssen:

1 Name und Anschrift des Marktteilnehmers sowie bei relevanten Rohstoffen und relevanten Erzeugnissen, die auf den Markt gelangen oder diesen verlassen, die gemäß Artikel 9 der Verordnung (EU) Nr. 952/2013 festgelegte Registrierungs- und Identifizierungsnummer für Wirtschaftsbeteiligte (EORI-Nummer);

2 Code des Harmonisierten Systems (HS-Code), Freitextbeschreibung, einschließlich der Handelsbezeichnung sowie gegebenenfalls der vollständigen wissenschaftlichen Bezeichnung, und Menge des relevanten Erzeugnisses, das der Marktteilnehmer beabsichtigt, in Verkehr zu bringen oder auszuführen. Für relevante Erzeugnisse, die auf den Markt gelangen oder diesen verlassen, ist die Menge in Kilogramm Eigenmasse anzugeben und gegebenenfalls in der besonderen Maßeinheit, die bei dem angegebenen Code des Harmonisierten Systems in Anhang I der Verordnung (EWG) Nr. 2658/87 des Rates festgelegt ist; in allen anderen Fällen ist die Menge in Eigenmasse oder gegebenenfalls in Eigenvolumen oder Stückzahl anzugeben; eine besondere Maßeinheit ist anzugeben, wenn eine solche konsequent für alle möglichen Unterpositionen des in der Sorgfaltserklärung angegebenen Codes des Harmonisierten Systems definiert ist.

3 Erzeugerland und Geolokalisierung aller Grundstücke, auf denen die relevanten Rohstoffe erzeugt wurden. Bei relevanten Erzeugnissen, die Rind enthalten oder unter Verwendung von Rindern hergestellt wurden, und bei relevanten Erzeugnissen, die mit relevanten Erzeugnissen gefüttert wurden, bezieht sich die Geolokalisierung auf alle Betriebe, in denen die Rinder gehalten wurden. Enthält ein relevantes Erzeugnis Rohstoffe, die auf verschiedenen Grundstücken erzeugt wurden, oder wurde es unter Verwendung dieser Rohstoffe hergestellt, so sind die Koordinaten der Geolokalisierung aller Grundstücke gemäß Artikel 9 Absatz 1 Buchstabe d anzugeben;

4 Für Marktteilnehmer, die gemäß Artikel 4 Absätze 8 und 9 auf eine bestehende Sorgfaltserklärung Bezug nehmen, die Referenznummer jener Sorgfaltserklärung.

5 Folgende Erklärung: „Durch Übermittlung dieser Sorgfaltserklärung bestätigt der Marktteilnehmer, dass er die Sorgfaltspflicht gemäß der Verordnung (EU) 2023/1115 durchgeführt erfüllt hat, und dass kein oder lediglich ein vernachlässigbares Risiko dahingehend festgestellt wurde, dass die relevanten Erzeugnisse gegen Artikel 3 Buchstaben a oder b dieser Verordnung verstoßen."

6 Unterschrift im folgenden Format:

„Unterzeichnet für und im Namen von:

Datum:

Name und Funktion: Unterschrift:"

Anhang III

Linksammlung

1. Verordnungstext der EUDR:

https://eur-lex.europa.eu/legal-content/DE/TXT/?uri=CELEX:32023–R1115

2. Frequently Asked Questions der EU-Kommission:

https://circabc.europa.eu/ui/group/34861680-e799-4d7c-bbad-da83c-45da458/library/e126f816-844b-41a9-89ef-cb2a33b6aa56/details

3. Informationsseite der Bundesanstalt für Landwirtschaft und Ernährung (BLE):

https://www.ble.de/DE/Themen/Wald-Holz/Entwaldungsfreie-Produkte/Lieferketten_node.html;jsessionid=633C5455BF3DA87CFF6917C8E165B96F.internet982

4. Webinare zur Nutzung von Copernicus

https://www.copernicus.eu/en/events/events/copernicus-webinar-copernicus-tackling-deforestation-and-forest-degradation

Anhang IV

Timeline ab Erscheinen dieses Praxisleitfadens bis hin zum Geltungsbeginn der Regelungen für Unternehmen

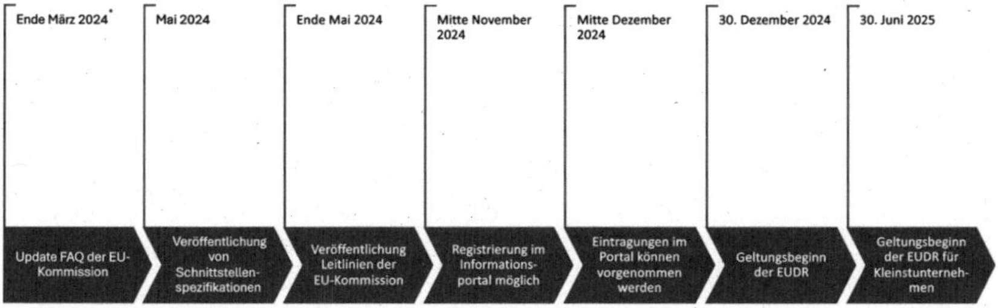

* Ein Update der FAQ hat entgegen der hier angenommen Timeline bis Ende April 2024 nicht stattgefunden.

Literaturverzeichnis

Beer, Jakob, Es gibt kein Supply Chain Management, LogR 2023, S. 94 ff.

Brauer, Sebastian/Busker, Robin, Integration der Anforderungen aus dem LkSG in ein bestehendes CMS, CB 2022, S. 472 ff.

Ceaux, Jean-Baptiste, Die EU-Entwaldungsverordnung – Wie datengetriebenes Mapping Entwaldung in der Lieferkette eindämmen kann, ESGZ 2023, S. 12 f.

Coudenhove-Kalergi, Barbara/Merl, Stefan, EU-Entwaldungsverordnung – Anforderungen und Herausforderungen, IRZ 2024, S. 167 ff.

Everhardt, Carla, Verschärfte Lieferketten-Compliance: Die EU-Verordnung über entwaldungsfreie Lieferketten – Ausweitung der unternehmerischen Sorgfaltspflichten betreffend Umwelt und Klima, DB 2023, S. 2354 ff.

Friedrich, Carolin/Zimmermann, Anna, Verantwortung in der Wertschöpfungskette –Wertschöpfungskettentransparenz als zentraler Ausgangspunkt, ESGZ 2024, S. 28 ff.

Giesberts, Ludger/Fink, Anna Deborah, Selected Legal and Practical Issues on the EU-Regulation on Deforestation-free, Products, KlimaRZ 2023, S. 169 ff.

Graetschel, Johannes/Eschweiler, Jana/Freese, Lennart, Die EU-Verordnung über entwaldungsfreie Lieferketten. KlimR 2023, S. 205 ff.

Grünwald, Armin/Kopfmüller, Jürgen, Nachhaltigkeit, 3. Auflage 2022, Frankfurt/New York.

Habeck, Robert/Jonas, Hans, Das Prinzip Verantwortung, Versuch einer Ethik für die technologische Zivilisation, 10. Auflage 2020, Berlin.

Harings, Lothar/Hörnig, Julia, Die Verordnung über die entwaldungsfreie Lieferkette – Reichweite, Inhalt und Rechtsfolgen, AW-Prax 2023, S. 435 ff.

Harings, Lothar/Hörnig, Julia, Nachhaltigkeit im Außenhandel – Sorgfaltspflichten, Sanktionen und Verbote, AW-Prax 2023, S. 277 ff.

Hartke, Volker, Green and more: Die EU-Entwaldungsverordnung – weitere Lieferkettenanforderungen für den Mittelstand, WPg 02/2024, S. 77 ff.

Hasagic, Maria, Die neue Verordnung (EU) 2023/1115 zur Entwaldung und damit verbundene künftige Aufgaben für Unternehmen, ZLR 4/2023, S. 485 ff.

Hembach, Holger, Praxisleitfaden Lieferkettensorgfaltspflichtengesetz (LkSG), 1. Auflage 2022, Frankfurt am Main.

Herold, Timo/Uhlig Thomas/Henke, Fabian/Turnwald, Katharina, Transparente Lieferketten, Welche Synergien Unternehmen bei der Umsetzung der neuen EU-Entwaldungsverordnung nutzen können, ZRFC 2024, S. 7 ff.

Herzig, Christian/Pianowski, Mathias, Betriebliche Nachhaltigkeitsberichterstattung, in Baumast/Pape (Hrsg.), Betriebliches Nachhaltigkeitsmanagement, 2. Auflage 2023, Stuttgart, S. 275-304.

Holzbauer, Ulrich, Nachhaltige Entwicklung, Der Weg in eine lebenswerte Zukunft, 1. Auflage 2020, Wiesbaden.

Hönrig, Julia, Die Verordnung (EU) 2023/115 über entwaldungsfreie Lieferketten und deren Compliance-Anforderungen, CB 4/2024, S. 119 ff.

Jüttner, Markus/Marx, Barbara, LkSG durch die Hintertür, comply 2023, S. 54 f.

Kapoor, Arun, Entwaldungsfreie Lieferkette – EU-Entwurf lässt neue Anforderungen an Wirtschaftsakteure erahnen, ESGZ 2022, S. 4 ff.

Krause, Nils/von Hesberg, Moritz, Rechtsgrundlagen von ESG, in Andrejewski, Kai/Krause, Nils/von Hesberg, Moritz (Hrsg.), Praxishandbuch ESG, Grundlagen, Bedeutung und Umsetzung in Unternehmen, 1. Auflage 2023, Frankfurt am Main, S. 27-100.

Kretschmer Marc/Apetz-Dreier, Daja, Lieferketten-Compliance unter dem Lieferkettensorgfaltspflichtengesetz, ZUJ 1/2023, S. 2 ff.

Lippert, André, Entwaldungsfreie Lieferkette: Schärfere Sorgfaltspflichten nicht nur für Holzerzeugnisse, Der Zollprofi 2023, S. 8 ff.

Lippert, André/Köhler, Anna, Produktbezogene Sorgfaltspflicht in Lieferketten, Der Zoll-Profi 2022, S. 2 ff.

Martin, Manuela/Madejska, Daria, Die neue EU-Verordnung für entwaldungsfreie Lieferketten (Waldschutz-VO), ZfPC 5/2023, S. 202 ff.

Münchener Kommentar zum GmbH-Gesetz, Fleischer, Holger/Wulf, Goette (Hrsg.), Bd. 2, 4. Auflage 2023 (zitiert als Müko GmbHG/Bearbeiter).

Nowakoswski, Julia, Bedeutung von ESG für ausgewählte Unternehmensbereiche: Produktion am Beispiel Textilindustrie, in Andrejewski, Kai/Krause, Nils/von Hesberg, Moritz (Hrsg.), Praxishandbuch ESG, Grundlagen, Bedeutung und Umsetzung in Unternehmen, 1. Auflage 2023, Frankfurt am Main, (zitiert als Autor, Praxishandbuch ESG), S. 456-479.

Ofterdinger, Janika/Granzow, Martin, Entwaldungs- und umwandlungsfreie Lieferketten: Herausforderungen und Lösungsansätze am Beispiel von brasilianischem Soja, Hamburg, 2022.

Passas, Johannes/Holtz, Rudolph, Die Verordnung über entwaldungsfreie Lieferketten – Neue unionsweite Sorgfaltspflichten. DB 2023, M14 f.

Pendrill, Florence/Persson, Martin/Kastner, Thomas/Wodd, Richard, Deforestation risk embodied in production and consumption of agricultural and forestry commodities 20025-2018, Zenodo, 2022.

Platschke, Kai, Das Anti-Greenwashing-Buch, 2. Auflage 2022, Wiesbaden.

Ruttloff, Marc/Wagner, Eric/Hahn, Matthias, Verordnungsvorschlag der EU-Kommission über entwaldungsfreie Lieferketten – noch mehr Lieferketten-Compliance?, CB 2022, S. 64 ff.

Ruttloff, Marc/Wagner, Eric/Kappler, Lisa/Schuler, Florian, Entwaldungsfreie Lieferketten – neue Sorgfaltspflichten für Unternehmen nach der EUDR, BB 2024, S. 707 ff.

Sachs, Jeffrey/Lafortune, Guillaume/Fuller, Grayson/Drumm Eamon, Sustainable Development Report 2023, Implementing the SDG Stimulus, 1. Auflage 2023, Dublin.

Schmigale, Jenny, Bedeutung von ESG für ausgewählte Unternehmensbereiche: Compliance, in Andrejewski, Kai/Krause, Nils/von Hesberg, Moritz (Hrsg.), Praxishandbuch ESG, Grundlagen, Bedeutung und Umsetzung in Unternehmen, 1. Auflage 2023, Frankfurt am Main, S. 320-353.

Seuring, Stefan/Müller, Martin/Schwarzkopf, Julia, Nachhaltiges Management von Wertschöpfungsketten, in Baumast/Pape (Hrsg.), Betriebliches Nachhaltigkeitsmanagement, 2. Auflage 2023, Stuttgart, S. 360-380.

Schröder, Christoph/Schulz, Martin, Praxisleitfaden Supply Chain Compliance, Anforderungen des LkSG und Empfehlungen zur Umsetzung von Sorgfaltspflichten in der Lieferkette, 1. Auflage 2023, Köln.

Schulz, Martin, Compliance Management – Grundlagen, Orientierungshilfen und Erfolgsfaktoren, in Schulz, Martin (Hrsg.), Compliance Management im Unternehmen. Strategische und praktische Umsetzung, 2. Auflage 2021, Frankfurt am Main, S. 1-55.

Soong, Eric/Ochs, Tobias, Compliance Verständnis im Wandel – ein Praxiseinblick, CB 2023, S. 155 ff.

Sopp, Karina/Baumüller, Josef/Scheid, Oliver, Nachhaltigkeitsberichterstattung – Nichtfinanzielle Berichterstattung nach dem CSR-RUG, Neuerungen durch die CSRD und die ESRS, 3. Auflage 2023, Herne.

Thielen, Lilo, Nachhaltigkeit und internationale Wertschöpfungsketten, AW-Prax 2023, S. 487 ff.

Uhlig, Thomas/Gillig, Anne-Kathrin, Neue Due-Diligence-Pflichten für Unternehmen – Welche rechtlichen Anforderungen die EU-Entwaldungsverordnung an Unternehmen stellt, ESGZ 2024, S. 13 ff.

Von Henn, Elisabeth, Rechtliche Pfade zum Schutz der Wälder jenseits der EU-Grenzen: Status Quo und Herausforderungen. ZUR 2021, S. 413 ff.

Waschbusch, Gerd/Kizska, Sabrina/Hafner, Elena, Auswirkungen menschenrechtlicher und umweltbezogener Sorgfaltspflichten auf die Liefer- und Wertschöpfungskette von Unternehmen, CB 2023, S. 381 ff.

Wittbrodt, Saskia, EUTR und entwaldungsfreie Lieferketten, InTeR 2023, S. 20 ff.

Wulf, Inge/Otter, Nadine/Lorson, Peter/Müller, Stefan/Piwinger, Manfred/Griez, Peter, Implikationen der Lieferkettenregulierung für Corporate-Governance-Systeme, KoR 2022, S. 396 ff.